# Tabla de contenido

## Agradecimientos:

Queremos expresar nuestro más sincero agradecimiento a nuestros lectores, cuyo interés y entusiasmo por aprender nos inspiran a seguir mejorando y creando contenido educativo.
Esperamos que este libro sea una guía valiosa en tu aprendizaje del idioma inglés y te ayude a alcanzar tus metas.

# Introducción

El dominio de un idioma no solo implica aprender su vocabulario y gramática, sino también comprender sus matices. Para los hispanohablantes que estudian inglés, una de los temas esenciales es el conocimiento de los prefijos y sufijos. Estas partículas de palabras pueden transformar significados, crear nuevos términos y aportar una riqueza impresionante al lenguaje.

El objetivo de este libro es proporcionar a los estudiantes hispanohablantes una comprensión clara y detallada de los prefijos y sufijos en inglés. A través de ejemplos concretos y comparaciones directas con el español, pretendemos facilitar la asimilación de estos conceptos, permitiendo a los estudiantes no solo ampliar su vocabulario de manera significativa, sino también comprender mejor la formación de palabras y su uso en diferentes contextos.

Para los estudiantes hispanohablantes, identificar y entender estos elementos puede ser más accesible de lo que parece, ya que muchos prefijos y sufijos en inglés tienen sus equivalentes en español. Esta guía ha sido diseñada para resaltar estas similitudes y diferencias, proporcionando una herramienta de aprendizaje eficaz que facilita la aplicación práctica de los conocimientos adquiridos.

# Prefixes: Prefijos

Los prefijos en inglés son partículas que se añaden al comienzo de una palabra raíz para modificar su significado. Por ejemplo, el prefijo "un-" en "happy" (feliz) cambia el significado a "**unhappy**".

Los prefijos son importantes porque permite ampliar nuestro vocabulario rápidamente. Por ejemplo, si sabes que "un-" significa "opuesto de o contrario", puedes entender palabras como "**unknown**" (desconocido) y "**unusual**" (inusual) sin tener que aprender cada palabra individualmente.

Veamos cada uno de los prefijos que se usan frecuentemente en inglés:

**Prefijo un-.** Indica negación o reversión de la acción. Ejemplo: unfinished – (incompleto).

### Unbelievable – Increíble

| | |
|---|---|
| The magic show was unbelievable. | El espectáculo de magia fue increíble. |
| It's unbelievable how fast technology is advancing. | Es increíble lo rápido que avanza la tecnología. |

### Uncomfortable – Incómodo

| | |
|---|---|
| This chair is very uncomfortable to sit on. | Esta silla es muy incómoda para sentarse. |
| He felt uncomfortable during the interview. | Se sintió incómodo durante la entrevista. |

### Unemployed– Desempleado

| | |
|---|---|
| She has been unemployed for six months. | Ella ha estado desempleada durante seis meses. |
| Many people are unemployed due to the economic crisis. | Muchas personas están desempleadas debido a la crisis económica. |

## Unequal- Desigual

| | |
|---|---|
| The distribution of wealth is very unequal in many countries. | La distribución de la riqueza es muy desigual en muchos países. |
| They argued about the unequal treatment of workers. | Discutieron sobre el trato desigual de los trabajadores. |

## Unfair - Injusto

| | |
|---|---|
| It is unfair that she gets all the credit for the project. | Es injusto que ella reciba todo el crédito por el proyecto. |
| The teacher's grading system seems unfair. | El sistema de calificación del maestro parece injusto. |

## Unfinished- Incompleto

| | |
|---|---|
| The book was published with several unfinished chapters. | El libro fue publicado con varios capítulos incompletos. |
| The construction of the bridge is still unfinished. | La construcción del puente aún está incompleta. |

## Unhappy- Infeliz

| | |
|---|---|
| He was unhappy with his job and decided to quit. | Estaba infeliz con su trabajo y decidió renunciar. |
| She looked unhappy after the argument. | Ella parecía infeliz después de la discusión. |

## Unknown - Desconocido

| | |
|---|---|
| The artist remained unknown for many years. | El artista permaneció desconocido durante muchos años. |
| They discovered an unknown species of fish. | Descubrieron una especie desconocida de pez. |

## Unleashed- Desatado

| | |
|---|---|
| The dog was unleashed and ran around the park. | El perro estaba desatado y corrió por el parque. |
| The storm unleashed its full force on the town. | La tormenta desató toda su fuerza sobre el pueblo. |

## Unorganized– Desorganizado

| | |
|---|---|
| His desk was always unorganized and messy. | Su escritorio siempre estaba desorganizado y desordenado. |
| The event was unorganized and chaotic. | El evento fue desorganizado y caótico. |

## Unpleasant – Desagradable

| | |
|---|---|
| The smell in the kitchen was very unpleasant. | El olor en la cocina era muy desagradable. |
| She had an unpleasant experience at the restaurant. | Tuvo una experiencia desagradable en el restaurante. |

## Unplug– Desconectar

| | |
|---|---|
| Don't forget to unplug the TV before you leave. | No olvides desconectar la televisión antes de irte. |
| He unplugged the computer to fix it. | Desconectó la computadora para arreglarla. |

Unsafe- Inseguro

| The building was declared unsafe after the earthquake. | El edificio fue declarado inseguro después del terremoto. |
| It is unsafe to swim in this part of the river. | Es inseguro nadar en esta parte del río. |

Unsuccessful – Sin éxito

| Their attempts to solve the problem were unsuccessful. | Sus intentos de resolver el problema fueron sin éxito. |
| He was unsuccessful in finding a job. | No tuvo éxito en encontrar un trabajo. |

Unusual- Inusual

| It was unusual to see snow in April. | Fue inusual ver nieve en abril. |
| She had an unusual way of solving problems. | Ella tenía una manera inusual de resolver problemas. |

**Prefijos in- / im- / ir- / il-.** como la anterior, indican negación o falta de algo. Ejemplos: inactive (inactivo), impossible (imposible), irresponsible (irresponsable), illegal (ilegal).

| Inaccurate- Inexacto | |
|---|---|
| The report contains inaccurate information. | El informe contiene información inexacta. |
| His calculations were inaccurate and led to errors. | Sus cálculos fueron inexactos y llevaron a errores. |

| Inactive - Inactivo | |
|---|---|
| The volcano has been inactive for centuries. | El volcán ha estado inactivo durante siglos. |
| He felt sluggish after being inactive all day. | Se sintió lento después de estar inactivo todo el día. |

## Inadequate- Inadecuado

| | |
|---|---|
| The training provided was inadequate for the job. | La capacitación proporcionada fue inadecuada para el trabajo. |
| The budget was inadequate to cover all expenses. | El presupuesto fue inadecuado para cubrir todos los gastos. |

## Inappropriate - Inapropiado

| | |
|---|---|
| His comments were inappropriate for the occasion. | Sus comentarios fueron inapropiados para la ocasión. |
| Wearing jeans to a formal event is inappropriate. | Usar jeans en un evento formal es inapropiado. |

## Incomplete- Incompleto

| | |
|---|---|
| The puzzle is still incomplete. | El rompecabezas aún está incompleto. |
| She submitted an incomplete application form. | Ella presentó un formulario de solicitud incompleto. |

### Inconvenient- Inconveniente

| | |
|---|---|
| It is inconvenient to have the meeting at that time. | Es inconveniente tener la reunión a esa hora. |
| The store's location is inconvenient for me. | La ubicación de la tienda es inconveniente para mí. |

### Incredible – Increíble

| | |
|---|---|
| The view from the top of the mountain was incredible. | La vista desde la cima de la montaña era increíble. |
| She told us an incredible story about her travels. | Nos contó una historia increíble sobre sus viajes. |

### Indecisive- Indeciso

| | |
|---|---|
| He is often indecisive when it comes to making big decisions. | A menudo es indeciso cuando se trata de tomar decisiones importantes. |
| Her indecisive nature caused delays in the project. | Su naturaleza indecisa causó retrasos enel proyecto. |

## Indirect- Indirecto

| | |
|---|---|
| He gave an indirect answer to the question. | Dio una respuesta indirecta a la pregunta. |
| The message was delivered through indirect channels. | El mensaje se entregó a través de canales indirectos. |

## Ineffective – Ineficaz

| | |
|---|---|
| The medication was ineffective in treating the disease. | El medicamento fue ineficaz para tratar la enfermedad. |
| Their attempts to fix the problem were ineffective. | Sus intentos de solucionar el problema fueron ineficaces. |

## Inefficient- Ineficiente

| | |
|---|---|
| The old system was inefficient and needed to be replaced. | El antiguo sistema era ineficiente y necesitaba ser reemplazado. |
| An inefficient process can waste valuable time. | Un proceso ineficiente puede desperdiciar tiempo valioso. |

**Inexperienced– Inexperto**

| | |
|---|---|
| The new employee is inexperienced but eager to learn. | El nuevo empleado es inexperto pero ansioso por aprender. |
| She made several mistakes because she was inexperienced. | Cometió varios errores porque era inexperta. |

**Informal – Informal**

| | |
|---|---|
| They had an informal meeting at the café. | Tuvieron una reunión informal en el café. |
| She prefers to wear informal clothes on weekends. | Ella prefiere usar ropa informal los fines de semana. |

**Insensitive– Insensible**

| | |
|---|---|
| His insensitive remarks hurt her feelings. | Sus comentarios insensibles hirieron sus sentimientos. |
| It was insensitive of him to joke about the accident. | Fue insensible de su parte bromear sobre el accidente. |

## Immature- Inmaduro

| | |
|---|---|
| His behavior was very immature for his age. | Su comportamiento fue muy inmaduro para su edad. |
| She found his jokes immature and annoying. | Ella encontró sus bromas inmaduras y molestas. |

## Immense – Inmenso

| | |
|---|---|
| The ocean is immense and full of mysteries. | El océano es inmenso y está lleno de misterios. |
| They faced an immense challenge but overcame it together. | Enfrentaron un desafío inmenso, pero lo superaron juntos. |

## Immobile- Inmóvil

| | |
|---|---|
| After the accident, he was immobile for several weeks. | Después del accidente, estuvo inmóvil durante varias semanas. |
| The statue remained immobile despite the strong wind. | La estatua permaneció inmóvil a pesar del fuerte viento. |

### Immortal– Inmortal

| | |
|---|---|
| Many believe that the soul is immortal. | Muchos creen que el alma es inmortal. |
| The hero's deeds made him immortal in the eyes of the people. | Las hazañas del héroe lo hicieron inmortal a los ojos del pueblo. |

### Immune – Inmune

| | |
|---|---|
| She is immune to the virus after receiving the vaccine. | Ella es inmune al virus después de recibir la vacuna. |
| Some people are naturally immune to certain diseases. | Algunas personas son naturalmente inmunes a ciertas enfermedades. |

### Impatient– Impaciente

| | |
|---|---|
| He is very impatient and hates waiting in line. | Es muy impaciente y odia esperar en la fila. |
| She grew impatient waiting for the test results. | Se volvió impaciente esperando los resultados del examen. |

## Imperfect– Imperfecto

| The vase is beautiful despite being imperfect. | El jarrón es hermoso a pesar de ser imperfecto. |
| --- | --- |
| Everyone has some imperfect traits. | Todos tienen algunos rasgos imperfectos. |

## Impersonal – Impersonal

| The letter was cold and impersonal. | La carta era fría e impersonal. |
| --- | --- |
| He prefers impersonal interactions to avoid emotional attachments. | Prefiere interacciones impersonales para evitar vínculos emocionales. |

## Impolite– Descortés

| It is impolite to interrupt someone while they are speaking. | Es descortés interrumpir a alguien mientras habla. |
| --- | --- |
| He was fired for being impolite to customers. | Fue despedido por ser descortés con los clientes. |

## Impossible – Imposible

| | |
|---|---|
| It's impossible to finish the project by tomorrow. | Es imposible terminar el proyecto para mañana. |
| She found it impossible to solve the puzzle. | Le resultó imposible resolver el rompecabezas. |

## Impractical – Impráctico

| | |
|---|---|
| The design of the device is beautiful but impractical. | El diseño del dispositivo es hermoso pero impráctico. |
| Wearing high heels to hike is impractical. | Usar tacones altos para hacer senderismo es impráctico. |

## Improbable – Improbable

| | |
|---|---|
| It is improbable that it will snow in July. | Es improbable que nieve en julio. |
| Winning the lottery is highly improbable. | Ganar la lotería es altamente improbable. |

## Irrational– Irracional

| | |
|---|---|
| His fear of spiders is completely irrational. | Su miedo a las arañas es completamente irracional. |
| The decision to cancel the project seemed irrational to everyone. | La decisión de cancelar el proyecto parecía irracional para todos. |

## Irreconcilable – Irreconciliable

| | |
|---|---|
| Their differences were irreconcilable, leading to their breakup. | Sus diferencias eran irreconciliables, lo que llevó a su ruptura. |
| The two sides have irreconcilable views on the issue. | Las dos partes tienen puntos de vista irreconciliables sobre el tema. |

## Irredeemable– Irredimible

| | |
|---|---|
| The damaged goods were deemed irredeemable. | Los bienes dañados fueron considerados irredimibles. |
| His actions were so terrible that he was seen as irredeemable. | Sus acciones fueron tan terribles que se le consideró irredimible. |

## Irreducible- Irreducible

| | |
|---|---|
| The complex fraction was irreducible. | La fracción compleja era irreducible. |
| The problem remained irreducible despite many attempts. | El problema permaneció irreducible a pesar de muchos intentos. |

## Irrefutable – Irrefutable

| | |
|---|---|
| The evidence presented in court was irrefutable. | La evidencia presentada en el tribunal era irrefutable. |
| She made an irrefutable argument that convinced everyone. | Hizo un argumento irrefutable que convenció a todos. |

## Irregular- Irregular

| | |
|---|---|
| His attendance at work has been very irregular lately. | Su asistencia al trabajo ha sido muy irregular últimamente. |
| The heartbeat was irregular and required medical attention. | El latido del corazón era irregular y requería atención médica. |

## Irrelevant- Irrelevante

| | |
|---|---|
| The comment was irrelevant to the topic of discussion. | El comentario era irrelevante para el tema de discusión. |
| His past achievements were deemed irrelevant to the current situation. | Sus logros pasados fueron considerados irrelevantes para la situación actual. |

## Irreparable – Irreparable

| | |
|---|---|
| The car suffered irreparable damage in the accident. | El coche sufrió daños irreparables en el accidente. |
| Their relationship was damaged beyond repair and became irreparable. | Su relación se dañó irreparablemente y se volvió irreparable. |

## Irreplaceable- Irremplazable

| | |
|---|---|
| The family heirloom is irreplaceable. | La reliquia familiar es irremplazable. |
| She is an irreplaceable member of the team. | Ella es un miembro irremplazable del equipo. |

## Irreproachable– Intachable

| | |
|---|---|
| Her conduct at work has been irreproachable. | Su conducta en el trabajo ha sido intachable. |
| He has an irreproachable record of honesty. | Tiene un historial intachable de honestidad. |

## Irresistible – Irresistible

| | |
|---|---|
| The chocolate cake was simply irresistible. | El pastel de chocolate era simplemente irresistible. |
| She has an irresistible charm that captivates everyone. | Ella tiene un encanto irresistible que cautiva a todos. |

## Irresponsible– Irresponsable

| | |
|---|---|
| It was irresponsible of him to leave the door unlocked. | Fue irresponsable de su parte dejar la puerta sin llave. |
| His reckless driving was highly irresponsible. | Su conducción temeraria fue altamente irresponsable. |

## Irreversible- Irreversible

| | |
|---|---|
| The damage to the environment was irreversible. | El daño al medio ambiente era irreversible. |
| Some decisions have irreversible consequences. | Algunas decisiones tienen consecuencias irreversibles. |

## Irrevocable – Irrevocable

| | |
|---|---|
| The decision to terminate his contract was irrevocable. | La decisión de terminar su contrato fue irrevocable. |
| Her actions led to irrevocable changes in the company. | Sus acciones llevaron a cambios irrevocables en la empresa. |

## Illegal- Ilegal

| It is illegal to drive without a license. | Es ilegal conducir sin licencia. |
| The company was fined for illegal dumping of waste. | La empresa fue multada por vertido ilegal de desechos. |

## Ill-equipped - Mal equipado

| The team was ill-equipped to handle the emergency. | El equipo estaba mal equipado para manejar la emergencia. |
| The soldiers felt ill-equipped for the harsh conditions. | Los soldados se sintieron mal equipados para las duras condiciones. |

## Ill-fitting- Mal ajustado

| She wore an ill-fitting dress to the party. | Ella usó un vestido mal ajustado para la fiesta. |
| The shoes were ill-fitting and uncomfortable. | Los zapatos eran mal ajustados e incómodos. |

## Illimitable- Ilimitable

| | |
|---|---|
| The universe is often described as illimitable. | El universo a menudo se describe como ilimitable. |
| Her creativity seems illimitable. | Su creatividad parece ilimitable. |

## Ill-mannered – Mal educado

| | |
|---|---|
| He was criticized for being ill-mannered during the dinner. | Fue criticado por ser mal educado durante la cena. |
| The child's ill-mannered behavior upset the guests. | El comportamiento mal educado del niño molestó a los invitados. |

## Illness- Enfermedad

| | |
|---|---|
| He took time off work due to illness. | Se tomó un tiempo libre del trabajo debido a una enfermedad. |
| The doctor diagnosed her with a rare illness. | El médico la diagnosticó con una enfermedad rara. |

## Illogical– Ilógico

| | |
|---|---|
| His argument was completely illogical. | Su argumento era completamente ilógico. |
| It is illogical to ignore the evidence presented. | Es ilógico ignorar la evidencia presentada. |

## Ill-tempered – Malhumorado

| | |
|---|---|
| He is often ill-tempered in the mornings. | A menudo está malhumorado por las mañanas. |
| Her ill-tempered response surprised everyone. | Su respuesta malhumorada sorprendió a todos. |

## Illusory– Ilusorio

| | |
|---|---|
| The sense of security was merely illusory. | La sensación de seguridad era meramente ilusoria. |
| His hopes for an easy solution were illusory. | Sus esperanzas de una solución fácil eran ilusorias. |

**Prefijo dis-.** Indica negación, opuesto o falta de acuerdo. Ejemplo: disagree (no estar de acuerdo).

## Disagree- Discrepar

| | |
|---|---|
| I respectfully disagree with your opinion. | Discrepo respetuosamente de tu opinión. |
| They often disagree on political issues. | A menudo discrepan en temas políticos. |

## Disallow – Prohibir

| | |
|---|---|
| The referee decided to disallow the goal. | El árbitro decidió prohibir el gol. |
| The new policy will disallow such practices. | La nueva política prohibirá tales prácticas. |

## Disappear- Desaparecer

| | |
|---|---|
| The cat seemed to disappear into thin air. | El gato pareció desaparecer en el aire. |
| The magician made the rabbit disappear from the hat. | El mago hizo que el conejo desapareciera del sombrero. |

## Disapprove- Desaprobar

| | |
|---|---|
| Her parents disapprove of her new boyfriend. | Sus padres desaprueban a su nuevo novio. |
| The committee will likely disapprove the proposal. | Es probable que el comité desapruebe la propuesta. |

## Disassemble – Desmontar

| | |
|---|---|
| He had to disassemble the machine to fix it. | Tuvo que desmontar la máquina para repararla. |
| The instructions showed how to disassemble the furniture. | Las instrucciones mostraban cómo desmontar los muebles. |

## Disbelief- Incredulidad

| | |
|---|---|
| She shook her head in disbelief at the news. | Sacudió la cabeza con incredulidad ante la noticia. |
| His expression was one of disbelief when he won the lottery. | Su expresión era de incredulidad cuando ganó la lotería. |

## Discomfort- Incomodidad

| | |
|---|---|
| The long flight caused a lot of discomfort. | El vuelo largo causó mucha incomodidad. |
| She felt a sense of discomfort in the crowded room. | Sintió una sensación de incomodidad en la habitación llena de gente. |

## Disconnect – Desconectar

| | |
|---|---|
| Remember to disconnect the charger when it is fully charged. | Recuerda desconectar el cargador cuando esté completamente cargado. |
| He decided to disconnect from social media for a while. | Decidió desconectarse de las redes sociales por un tiempo. |

## Discontinue- Descontinuar

| | |
|---|---|
| The company decided to discontinue the product line. | La empresa decidió descontinuar la línea de productos. |
| They will discontinue the service next month. | Descontinuarán el servicio el próximo mes. |

## Dislike- Disgustar

| | |
|---|---|
| I dislike waking up early on weekends. | Me disgusta levantarme temprano los fines de semana. |
| She has a strong dislike for spicy food. | Tiene un fuerte disgusto por la comida picante. |

## Disorganized – Desorganizado

| | |
|---|---|
| His desk was always disorganized and cluttered. | Su escritorio siempre estaba desorganizado y desordenado. |
| The event was disorganized and chaotic. | El evento fue desorganizado y caótico. |

## Disqualify- Descalificar

| | |
|---|---|
| He was disqualified from the race for cheating. | Fue descalificado de la carrera por hacer trampa. |
| The judge decided to disqualify the contestant. | El juez decidió descalificar al concursante. |

**Prefijo anti-.** Significa en contra de algo. Ejemplo: Antivirus (antivirus)

## Anti-aging- Antienvejecimiento

| | |
|---|---|
| She uses an anti-aging cream every night. | Ella usa una crema antienvejecimiento todas las noches. |
| The new anti-aging treatment is very popular. | El nuevo tratamiento antienvejecimiento es muy popular. |

## Anti-bacterial - Antibacteriano

| | |
|---|---|
| The soap has anti-bacterial properties. | El jabón tiene propiedades antibacterianas. |
| Use an anti-bacterial spray to clean the surfaces. | Usa un spray antibacteriano para limpiar las superficies. |

## Anti-depressant- Antidepresivo

| | |
|---|---|
| The doctor prescribed an anti-depressant for her. | El médico le recetó un antidepresivo. |
| Anti-depressant medications can help improve mood. | Los medicamentos antidepresivos pueden ayudar a mejorar el estado de ánimo. |

## Anti-freeze- Anticongelante

| | |
|---|---|
| Add anti-freeze to the car's radiator before winter. | Agrega anticongelante al radiador del coche antes del invierno. |
| The mechanic checked the anti-freeze levels. | El mecánico revisó los niveles de anticongelante. |

## Anti-fungal – Antifúngico

| | |
|---|---|
| She applied an anti-fungal cream to the infected area. | Ella aplicó una crema antifúngica en la zona infectada. |
| Anti-fungal treatments are necessary for certain infections. | Los tratamientos antifúngicos son necesarios para ciertas infecciones. |

## Anti-inflammatory- Antiinflamatorio

| | |
|---|---|
| The doctor recommended an anti-inflammatory for the pain. | El médico recomendó un antiinflamatorio para el dolor. |
| Anti-inflammatory drugs can reduce swelling. | Los medicamentos antiinflamatorios pueden reducir la hinchazón. |

## Anti-septic- Antiséptico

| | |
|---|---|
| Clean the wound with an anti-septic solution. | Limpia la herida con una solución antiséptica. |
| They used an anti-septic to prevent infection. | Usaron un antiséptico para prevenir la infección. |

## Anti-smoking - Antitabaco

| | |
|---|---|
| The hospital has an anti-smoking policy. | El hospital tiene una política antitabaco. |
| She joined an anti-smoking program to quit. | Ella se unió a un programa antitabaco para dejar de fumar. |

## Anti-social- Antisocial

| | |
|---|---|
| He became anti-social after moving to the new city. | Se volvió antisocial después de mudarse a la nueva ciudad. |
| Her anti-social behavior worried her parents. | Su comportamiento antisocial preocupaba a sus padres. |

## Anti-theft- Antirrobo

| | |
|---|---|
| The car is equipped with an anti-theft system. | El coche está equipado con un sistema antirrobo. |
| Install an anti-theft device for added security. | Instala un dispositivo antirrobo para mayor seguridad. |

## Anti-virus – Antivirus

| | |
|---|---|
| Make sure your computer has anti-virus software installed. | Asegúrate de que tu computadora tenga instalado un software antivirus. |
| The anti-virus program detected and removed the malware. | El programa antivirus detectó y eliminó el malware. |

**Prefijo re-.** Indica repetición o de nuevo. Ejemplo: redo (hacer de nuevo).

## Rebuild – Reconstruir

| | |
|---|---|
| They plan to rebuild the house after the fire. | Planean reconstruir la casa después del incendio. |
| The team needs to rebuild its reputation. | El equipo necesita reconstruir su reputación. |

## Recall– Recordar

| | |
|---|---|
| I can't recall where I put my keys. | No recuerdo dónde puse mis llaves. |
| He recalled his childhood memories with fondness. | Recordó sus recuerdos de infancia con cariño. |

## Recharge – Recargar

| | |
|---|---|
| Don't forget to recharge your phone before you leave. | No olvides recargar tu teléfono antes de salir. |
| She needs to recharge her energy after a long day. | Ella necesita recargar energías después de un día largo. |

## Reconnect – Reconectar

| | |
|---|---|
| They decided to reconnect after years of being apart. | Decidieron reconectar después de años separados. |
| The internet connection failed, and he had to reconnect. | La conexión a internet falló y tuvo que reconectar. |

## Reconsider– Reconsiderar

| | |
|---|---|
| Please reconsider your decision before it's too late. | Por favor, reconsidera tu decisión antes de que sea demasiado tarde. |
| He agreed to reconsider his position on the matter. | Aceptó reconsiderar su posición sobre el asunto. |

## Refund – Reembolsar

| | |
|---|---|
| They offered a full refund for the defective product. | Ofrecieron un reembolso completo por el producto defectuoso. |
| I requested a refund for the unused tickets. | Solicité un reembolso por los boletos no utilizados. |

## Renew – Renovar

| | |
|---|---|
| They decided to renew their vows on their anniversary. | Decidieron renovar sus votos en su aniversario. |
| Remember to renew your passport before it expires. | Recuerda renovar tu pasaporte antes de que expire. |

## Reorganize– Reorganizar

| | |
|---|---|
| They need to reorganize the office for better efficiency. | Necesitan reorganizar la oficina para mejorar la eficiencia. |
| She spent the weekend reorganizing her closet. | Pasó el fin de semana reorganizando su armario. |

## Repeat – Repetir

| | |
|---|---|
| Can you repeat what you just said? | ¿Puedes repetir lo que acabas de decir? |
| He had to repeat the year because of failing grades. | Tuvo que repetir el año debido a las malas calificaciones. |

## Replace – Reemplazar

| | |
|---|---|
| They decided to replace the old furniture with new pieces. | Decidieron reemplazar los muebles viejos por piezas nuevas. |
| She replaced the broken window with a new one. | Ella reemplazó la ventana rota por una nueva. |

## Restore– Restaurar

| | |
|---|---|
| They hired a team to restore the historic building. | Contrataron un equipo para restaurar el edificio histórico. |
| The painting was carefully restored to its original condition. | El cuadro fue restaurado cuidadosamente a su condición original. |

## Return – Regresar

| | |
|---|---|
| I will return the book to the library tomorrow. | Devolveré el libro a la biblioteca mañana. |
| They decided to return home after a long vacation. | Decidieron regresar a casa después de unas largas vacaciones. |

**Prefijo pre-.** Significa antes o prioridad. Ejemplo: preview (vista previa).

| Precede - Preceder | |
|---|---|
| The main course precedes the dessert in a formal dinner. | El plato principal precede al postre en una cena formal. |
| His arrival will precede the beginning of the meeting. | Su llegada precederá el inicio de la reunión. |

| Predict- Predecir | |
|---|---|
| Meteorologists predict heavy rain for tomorrow. | Los meteorólogos predicen lluvias intensas para mañana. |
| It's difficult to predict the outcome of the game. | Es difícil predecir el resultado del juego. |

| Prefix - Prefijo | |
|---|---|
| "Un" is a prefix that means "not" in English. | "Un" es un prefijo que significa "no" en inglés. |
| The word "unhappy" has the prefix "un-". | La palabra "infeliz" tiene el prefijo "in-". |

## Preheat – Precalentar

| | |
|---|---|
| Preheat the oven to 350 degrees before baking. | Precalienta el horno a 350 grados antes de hornear. |
| The recipe says to preheat the skillet over medium heat. | La receta indica precalentar la sartén a fuego medio. |

## Prehistoric– Prehistórico

| | |
|---|---|
| Dinosaurs lived during prehistoric times. | Los dinosaurios vivieron en tiempos prehistóricos. |
| The museum has a collection of prehistoric artifacts. | El museo tiene una colección de artefactos prehistóricos. |

## Prejudice – Prejuicio

| | |
|---|---|
| Discrimination is often based on prejudice. | La discriminación frecuentemente está basada en el prejuicio. |
| They overcame their prejudices after getting to know each other. | Superaron sus prejuicios después de conocerse. |

## Prepare – Preparar

| | |
|---|---|
| She needs time to prepare for the exam. | Ella necesita tiempo para prepararse para el examen. |
| They are preparing dinner for their guests. | Están preparando la cena para sus invitados. |

## Prepay– Pagar por adelantado

| | |
|---|---|
| You can prepay for your order online. | Puedes pagar por adelantado tu pedido en línea. |
| They require customers to prepay for the service. | Requieren que los clientes paguen por adelantado por el servicio. |

## Preschool – Preescolar

| | |
|---|---|
| Their daughter attends preschool three days a week. | Su hija asiste al preescolar tres días a la semana. |
| The preschool teacher organizes fun activities for the children. | La maestra de preescolar organiza actividades divertidas para los niños. |

## Prevent – Prevenir

| | |
|---|---|
| Vaccines help prevent diseases. | Las vacunas ayudan a prevenir enfermedades. |
| They took measures to prevent accidents in the workplace. | Tomaron medidas para prevenir accidentes en el lugar de trabajo. |

## Preview– Vista previa

| | |
|---|---|
| You can see a preview of the document before printing it. | Puedes ver una vista previa del documento antes de imprimirlo. |
| They watched a preview of the upcoming movie. | Vieron una vista previa de la película próxima a estrenarse. |

**Prefijo post-.** Significa después o secundario. Ejemplo: postpone (posponer)

## Postgraduate – Postgrado

| | |
|---|---|
| She completed her postgraduate studies in psychology. | Ella completó sus estudios de postgrado en psicología. |
| Many universities offer various postgraduate programs. | Muchas universidades ofrecen varios programas de postgrado. |

## Posthumous– Póstumo

| | |
|---|---|
| The artist received a posthumous award for his contributions. | El artista recibió un premio póstumo por sus contribuciones. |
| The book was published posthumously after the author's death. | El libro fue publicado póstumamente después de la muerte del autor. |

## Postnatal – Postnatal

| | |
|---|---|
| She attended postnatal classes to learn about infant care. | Asistió a clases postnatales para aprender sobre el cuidado del bebé. |
| Postnatal care is important for both the mother and baby. | El cuidado postnatal es importante tanto para la madre como para el bebé. |

## Postpone – Posponer

| | |
|---|---|
| They decided to postpone the meeting until next week. | Decidieron posponer la reunión hasta la próxima semana. |
| The event was postponed due to bad weather. | El evento se pospuso debido al mal tiempo. |

## Postpone– Postergar

| | |
|---|---|
| The project deadline was posterged by two weeks. | La fecha límite del proyecto fue postergada por dos semanas. |
| They had to posterg the trip due to unforeseen circumstances. | Tuvieron que postergar el viaje debido a circunstancias imprevistas. |

## Postpone – Demorar

| | |
|---|---|
| The repairs on the car will demor until tomorrow. | Las reparaciones del coche se demorarán hasta mañana. |
| Unexpected delays demored the completion of the construction project. | Demoras inesperadas retrasaron la finalización del proyecto de construcción. |

## Postpone – Retrasar

| | |
|---|---|
| Traffic retrasarred their arrival at the airport. | El tráfico retrasó su llegada al aeropuerto. |
| A technical issue retrasarred the start of the presentation. | Un problema técnico retrasó el inicio de la presentación. |

## Postscript– Posdata

| | |
|---|---|
| She added a postscript to her letter with additional information. | Agregó una posdata a su carta con información adicional. |
| The postscript clarified some points mentioned earlier. | La posdata aclaró algunos puntos mencionados anteriormente. |

**Prefijo over-.** Indica exceso o superioridad. Ejemplo: overload (sobrecargar).

### Overcome – Superar

| | |
|---|---|
| She worked hard to overcome her fear of public speaking. | Ella trabajó duro para superar su miedo a hablar en público. |
| They managed to overcome the obstacles and complete the project. | Lograron superar los obstáculos y completar el proyecto. |

### Overeat– Comer en exceso

| | |
|---|---|
| He tends to overeat when he's stressed. | Tiende a comer en exceso cuando está estresado. |
| Overeating can lead to health problems. | Comer en exceso puede causar problemas de salud. |

### Overestimate – Sobreestimar

| | |
|---|---|
| They overestimated the number of attendees for the event. | Sobreestimaron el número de asistentes al evento. |
| It's easy to overestimate how long a task will take. | Es fácil sobreestimar cuánto tiempo tomará una tarea. |

## Overload – Sobrecargar

| | |
|---|---|
| The system crashed due to an overload of data. | El sistema se colapsó debido a una sobrecarga de datos. |
| Don't overload the circuit with too many appliances. | No sobrecargues el circuito con demasiados electrodomésticos. |

## Overlook– Pasar por alto

| | |
|---|---|
| He tends to overlook small details in his work. | Tiende a pasar por alto pequeños detalles en su trabajo. |
| They overlooked the importance of regular maintenance. | Pasaron por alto la importancia del mantenimiento regular. |

## Overlook – Desatender

| | |
|---|---|
| She realized she had overlooked her responsibilities. | Se dio cuenta de que había desatendido sus responsabilidades. |
| They cannot afford to overlook safety protocols. | No pueden darse el lujo de desatender los protocolos de seguridad. |

Overpay – Pagar en exceso

| | |
|---|---|
| They overpaid for the services rendered. | Pagaron en exceso por los servicios prestados. |
| Don't overpay for items that are available at lower prices elsewhere. | No pagues en exceso por artículos que están disponibles a precios más bajos en otros lugares. |

Overreact– Reaccionar excesivamente

| | |
|---|---|
| He tends to overreact to criticism. | Tiende a reaccionar excesivamente ante las críticas. |
| She realized she had overreacted to the situation. | Se dio cuenta de que había reaccionado excesivamente ante la situación. |

Overstay – Quedarse demasiado tiempo

| | |
|---|---|
| They overstayed their welcome at the party. | Se quedaron demasiado tiempo en la fiesta. |
| Tourists who overstay their visas can face penalties. | Los turistas que se quedan demasiado tiempo con sus visas pueden enfrentar sanciones. |

**Prefijo under-.** Indica menos o inferioridad. Ejemplo: underestimate (subestimar).

## Underage - Menor de edad

| | |
|---|---|
| Drinking alcohol is illegal for underage individuals. | Beber alcohol es ilegal para los menores de edad. |
| He was arrested for allowing underage drinking at his party. | Fue arrestado por permitir el consumo de alcohol por menores en su fiesta. |

## Undercharge- Cobrar de menos

| | |
|---|---|
| They decided to undercharge their customers as a goodwill gesture. | Decidieron cobrar de menos a sus clientes como un gesto de buena voluntad. |
| It's important not to undercharge for your services. | Es importante no cobrar de menos por tus servicios. |

## Undercut - Rebajar

| | |
|---|---|
| The store undercut their competitors' prices to attract more customers. | La tienda rebajó los precios por debajo de los de sus competidores para atraer más clientes. |
| He undercut his colleague's proposal with a more compelling argument. | Rebajó la propuesta de su colega con un argumento más convincente. |

## Underestimate – Subestimar

| | |
|---|---|
| Never underestimate the power of teamwork. | Nunca subestimes el poder del trabajo en equipo. |
| She underestimated how long it would take to finish the project. | Subestimó cuánto tiempo tomaría terminar el proyecto. |

## Underground– Subterráneo

| | |
|---|---|
| The subway system is an underground transportation network. | El sistema de metro es una red de transporte subterráneo. |
| They explored the underground tunnels beneath the city. | Exploraron los túneles subterráneos bajo la ciudad. |

## Underline – Subrayar

| | |
|---|---|
| Please underline the key points in your report. | Por favor, subraya los puntos clave en tu informe. |
| In textbooks, important terms are often underlined for emphasis. | En los libros de texto, a menudo se subrayan los términos importantes para enfatizar. |

## Underneath – Debajo de

| | |
|---|---|
| The keys were hidden underneath the doormat. | Las llaves estaban escondidas debajo del felpudo. |
| She wore a sweater underneath her jacket. | Llevaba un suéter debajo de su chaqueta. |

## Underpay– Pagar menos

| | |
|---|---|
| It's unfair to underpay employees for their hard work. | Es injusto pagar menos a los empleados por su arduo trabajo. |
| They were accused of underpaying their workers compared to industry standards. | Fueron acusados de pagar menos a sus trabajadores en comparación con los estándares de la industria. |

## Underprivileged – Desfavorecido

| | |
|---|---|
| The organization provides support for underprivileged children. | La organización brinda apoyo a niños desfavorecidos. |
| Education can help lift underprivileged communities out of poverty. | La educación puede ayudar a sacar de la pobreza a las comunidades desfavorecidas. |

**Prefijo mis-.** Indica error o incorrecto. Ejemplo: misunderstand (malinterpretar).

| | |
|---|---|
| **Misbehave – Portarse mal** | |
| Children often misbehave when they are tired or bored. | Los niños a menudo se portan mal cuando están cansados o aburridos. |
| He was reprimanded for misbehaving during class. | Lo reprendieron por portarse mal durante la clase. |
| **Miscommunication– Malentendido** | |
| There was a miscommunication about the meeting time. | Hubo un malentendido sobre la hora de la reunión. |
| Miscommunication can lead to confusion and mistakes. | El malentendido puede llevar a la confusión y a errores. |
| **Misinform – Desinformar** | |
| It's unethical to deliberately misinform the public. | Es éticamente incorrecto desinformar deliberadamente al público. |
| The article misinformed readers about the true nature of the study. | El artículo desinformó a los lectores sobre la verdadera naturaleza del estudio. |

## Misinterpret – Interpretar mal

| | |
|---|---|
| She misinterpreted his silence as agreement. | Ella interpretó mal su silencio como acuerdo. |
| Misinterpreting facial expressions can lead to misunderstandings. | Interpretar mal las expresiones faciales puede llevar a malentendidos. |

## Misjudge- Juzgar mal

| | |
|---|---|
| Don't misjudge her abilities based on one mistake. | No la juzgues mal basándote en un error. |
| He realized he had misjudged the situation entirely. | Se dio cuenta de que había juzgado mal la situación por completo. |

## Mismatch - No coincidir

| | |
|---|---|
| There was a mismatch between his skills and the job requirements. | Hubo una falta de coincidencia entre sus habilidades y los requisitos del trabajo. |
| The shirt and pants were a mismatch in color. | La camisa y los pantalones no coincidían en color. |

## Misprint – Error de impresión

| | |
|---|---|
| The newspaper issued a correction for the misprint in yesterday's edition. | El periódico publicó una corrección por el error de impresión en la edición de ayer. |
| A misprint in the advertisement caused confusion among customers. | Un error de impresión en el anuncio causó confusión entre los clientes. |

## Mispronounce– Pronunciar mal

| | |
|---|---|
| She tends to mispronounce difficult words. | Tiende a pronunciar mal las palabras difíciles. |
| Mispronouncing someone's name can be embarrassing. | Pronunciar mal el nombre de alguien puede ser embarazoso. |

## Mismatch – No coincidir

| | |
|---|---|
| There was a mismatch between his skills and the job requirements. | Hubo una falta de coincidencia entre sus habilidades y los requisitos del trabajo. |
| The shirt and pants were a mismatch in color. | La camisa y los pantalones no coincidían en color. |

## Misquote – Citar incorrectamente

| The journalist misquoted the CEO in her article. | La periodista citó incorrectamente al CEO en su artículo. |
| --- | --- |
| Misquoting someone's words can change their intended meaning. | Citar incorrectamente las palabras de alguien puede cambiar su significado original. |

## Misread– Leer mal

| He misread the instructions and assembled the furniture incorrectly. | Leyó mal las instrucciones y armó los muebles incorrectamente. |
| --- | --- |
| Misreading the map led them in the wrong direction. | Leer mal el mapa los llevó en la dirección incorrecta. |

## Misunderstand – Malentender

| They often misunderstand each other's intentions. | A menudo se malentienden las intenciones de cada uno. |
| --- | --- |
| Misunderstanding cultural differences can lead to conflicts. | Malentender las diferencias culturales puede llevar a conflictos. |

**Prefijo bi-.** Significa dos o doble. Ejemplo: bilingual (bilingüe).

### Biannual – Bianual

| | |
|---|---|
| The report is published on a biannual basis. | El informe se publica de forma bianual. |
| The biannual conference attracts participants from around the world. | La conferencia bianual atrae participantes de todo el mundo. |

### Bidirectional- Bidireccional

| | |
|---|---|
| The new software allows for bidirectional data transfer. | El nuevo software permite la transferencia bidireccional de datos. |
| Bidirectional communication is essential for effective teamwork. | La comunicación bidireccional es esencial para el trabajo en equipo efectivo. |

### Bilingual – Bilingüe

| | |
|---|---|
| She is fluent in both English and Spanish, making her bilingual. | Ella es fluida en inglés y español, lo que la hace bilingüe. |
| The school offers programs for bilingual education. | La escuela ofrece programas de educación bilingüe. |

## Bimonthly – Bimensual

| | |
|---|---|
| The magazine is published bimonthly, every two months. | La revista se publica bimensualmente, cada dos meses. |
| They have bimonthly meetings to discuss project updates. | Tienen reuniones bimensuales para discutir las actualizaciones del proyecto. |

## Binary– Binario

| | |
|---|---|
| Computers operate using binary code, consisting of zeros and ones. | Las computadoras operan utilizando código binario, que consiste en ceros y unos. |
| The concept of binary opposition is fundamental in philosophy. | El concepto de oposición binaria es fundamental en filosofía. |

## Bipolar – Bipolar

| | |
|---|---|
| She was diagnosed with bipolar disorder. | Le diagnosticaron trastorno bipolar. |
| The switch has a bipolar design, allowing for multiple configurations. | El interruptor tiene un diseño bipolar que permite múltiples configuraciones. |

**Prefijos co- / com- / con-.** Indica junto o con. Ejemplo: collaborate (colaborar), community (comunidad), connect (conectar).

| Coexist - Coexistir | |
| --- | --- |
| Different cultures learn to coexist peacefully in the city. | Diferentes culturas aprenden a coexistir pacíficamente en la ciudad. |
| Wildlife and humans must find a way to coexist in their habitats. | La vida silvestre y los humanos deben encontrar una forma de coexistir en sus hábitats. |

| Collaborate- Colaborar | |
| --- | --- |
| They decided to collaborate on the project to achieve better results. | Decidieron colaborar en el proyecto para lograr mejores resultados. |
| Universities often collaborate with businesses for research projects. | Las universidades colaboran frecuentemente con empresas en proyectos de investigación. |

## Combine – Combinar

| | |
|---|---|
| She likes to combine different flavors in her cooking. | Le gusta combinar diferentes sabores en su cocina. |
| The merger will combine two companies into one larger entity. | La fusión combinará dos compañías en una entidad más grande. |

## Comfort– Comodidad

| | |
|---|---|
| He found comfort in the warmth of his home during the winter. | Encontró comodidad en el calor de su hogar durante el invierno. |
| The hotel offers rooms with every comfort for its guests. | El hotel ofrece habitaciones con todas las comodidades para sus huéspedes. |

## Commit – Comprometerse

| | |
|---|---|
| They decided to commit to a long-term relationship. | Decidieron comprometerse en una relación a largo plazo. |
| She committed to finishing the project by the end of the week. | Se comprometió a terminar el proyecto para el final de la semana. |

## Communicate – Comunicar

| | |
|---|---|
| Effective leaders know how to communicate their vision to their teams. | Los líderes efectivos saber cómo comunicar su visión a sus equipos. |
| Clear communication is essential for avoiding misunderstandings. | La comunicación clara es esencial para evitar malentendidos. |

## Company– Compañía

| | |
|---|---|
| She works for a multinational company based in New York. | Trabaja para una compañía multinacional con sede en Nueva York. |
| Spending time in good company can improve your mood. | Pasar tiempo en buena compañía puede mejorar tu estado de ánimo. |

## Compare – Comparar

| | |
|---|---|
| Let's compare prices before deciding which one to buy. | Comparemos los precios antes de decidir cuál comprar. |
| He compared the two proposals and chose the more cost-effective one. | Comparó las dos propuestas y eligió la más rentable. |

## Complete – Completar

| | |
|---|---|
| Please complete the form with your personal information. | Por favor, complete el formulario con su información personal. |
| They managed to complete the construction ahead of schedule. | Lograron completar la construcción antes de lo previsto. |

## Conclude– Concluir

| | |
|---|---|
| The meeting will conclude with a summary of the main points. | La reunión concluirá con un resumen de los puntos principales. |
| After reviewing the evidence, the jury concluded that he was innocent. | Tras revisar las pruebas, el jurado concluyó que era inocente. |

## Confirm – Confirmar

| | |
|---|---|
| Please confirm your attendance at the event by tomorrow. | Por favor, confirme su asistencia al evento antes de mañana. |
| The manager called to confirm the reservation for the conference room. | El gerente llamó para confirmar la reserva del salón de conferencias. |

## Confuse – Confundir

| | |
|---|---|
| The new instructions confused some of the employees. | Las nuevas instrucciones confundieron a algunos de los empleados. |
| His sudden change in behavior confused his friends. | Su repentino cambio de comportamiento confundió a sus amigos. |

## Connect- Conectar

| | |
|---|---|
| The router allows you to connect multiple devices to the internet. | El enrutador te permite conectar varios dispositivos a internet. |
| They connected the two cities with a high-speed train line. | Conectaron las dos ciudades con una línea de tren de alta velocidad. |

## Consume – Consumir

| | |
|---|---|
| It's important to consume a balanced diet for good health. | Es importante consumir una dieta equilibrada para una buena salud. |
| The new software consumes less memory than the previous version. | El nuevo software consume menos memoria que la versión anterior. |

## Control – Controlar

| | |
|---|---|
| He struggled to control his emotions during the difficult conversation. | Le costó controlar sus emociones durante la conversación difícil. |
| The remote control allows you to control the TV from a distance. | El control remoto te permite controlar el televisor desde la distancia. |

## Convince– Convencer

| | |
|---|---|
| She managed to convince her parents to let her go on the trip. | Logró convencer a sus padres de dejarla ir de viaje. |
| The salesman tried to convince them to upgrade to a better model. | El vendedor intentó convencerlos de actualizar a un modelo mejor. |

## Consume – Consumir

| | |
|---|---|
| It's important to consume a balanced diet for good health. | Es importante consumir una dieta equilibrada para una buena salud. |
| The new software consumes less memory than the previous version. | El nuevo software consume menos memoria que la versión anterior. |

## Cooperate – Cooperar

| | |
|---|---|
| The two countries agreed to cooperate on environmental issues. | Los dos países acordaron cooperar en temas ambientales. |
| Team members need to cooperate to achieve the project's goals. | Los miembros del equipo deben cooperar para alcanzar los objetivos del proyecto. |

## Coordinate– Coordinar

| | |
|---|---|
| She coordinated the logistics for the event with precision. | Coordinó la logística del evento con precisión. |
| The team needs to coordinate their efforts to meet the deadline. | El equipo necesita coordinar sus esfuerzos para cumplir con el plazo. |

**Prefijo trans-.** Significa a través o más allá. Ejemplo: transport (transporte).

## Transaction – Transacción

| | |
|---|---|
| She completed a financial transaction at the bank. | Ella completó una transacción financiera en el banco. |
| Online transactions have become more common with e-commerce. | Las transacciones en línea se han vuelto más comunes con el comercio electrónico. |

## Transatlantic– Transatlántico

| | |
|---|---|
| The ship made a transatlantic voyage from Europe to America. | El barco hizo un viaje transatlántico de Europa a América. |
| There are transatlantic flights connecting major cities on both continents. | Hay vuelos transatlánticos que conectan las principales ciudades en ambos continentes. |

## Transcontinental – Transcontinental

| | |
|---|---|
| The transcontinental railroad connected the east and west coasts of the United States. | El ferrocarril transcontinental conectó las costas este y oeste de los Estados Unidos. |
| They embarked on a transcontinental road trip across Europe. | Se embarcaron en un viaje por carretera transcontinental a través de Europa. |

## Transcribe– Transcribir

| | |
|---|---|
| She needs to transcribe the interview recordings for the report. | Ella necesita transcribir las grabaciones de la entrevista para el informe. |
| The secretary transcribed the handwritten notes into a digital document. | La secretaria transcribió las notas escritas a mano en un documento digital. |

## Transfer – Transferir

| | |
|---|---|
| He transferred money from his savings account to his checking account. | Él transfirió dinero de su cuenta de ahorros a su cuenta corriente. |
| The company decided to transfer him to their overseas branch. | La empresa decidió transferirlo a su sucursal en el extranjero. |

## Transformer– Transformador

| | |
|---|---|
| The power transformer regulates electricity flow in the neighborhood. | El transformador de energía regula el flujo de electricidad en el vecindario. |
| Optimus Prime is a famous character who is a transformer robot. | Optimus Prime es un famoso personaje que es un robot transformador. |

## Transition – Transición

| | |
|---|---|
| The transition from high school to college can be challenging. | La transición de la escuela secundaria a la universidad puede ser desafiante. |

## Transitory – Transitorio

His stay in the city was only transitory, lasting a few months.

Su estancia en la ciudad fue solo transitoria, durando unos meses.

Economic conditions are transitory and subject to change.

Las condiciones económicas son transitorias y están sujetas a cambios.

## Translate- Traducir

She can translate documents from Spanish to English fluently.

Ella puede traducir documentos del español al inglés con fluidez.

Google Translate is a popular tool for instant translations.

Google Translate es una herramienta popular para traducciones instantáneas.

## Transmission – Transmisión

The car's transmission needed repair after the accident.

La transmisión del coche necesitaba reparación después del accidente.

The radio station has a strong transmission signal across the region.

La emisora de radio tiene una señal de transmisión fuerte en toda la región.

## Transmit – Transmitir

| | |
|---|---|
| He used his phone to transmit the data to his computer. | Utilizó su teléfono para transmitir los datos a su computadora. |
| The professor transmitted knowledge through his lectures. | El profesor transmitió conocimiento a través de sus conferencias. |

## Transparent– Transparente

| | |
|---|---|
| The glass is transparent, allowing you to see through it clearly. | El vidrio es transparente, permitiéndote ver a través de él claramente. |
| The company aims to maintain transparent communication with its employees. | La empresa tiene como objetivo mantener una comunicación transparente con sus empleados. |

## Transplant – Trasplantar

| | |
|---|---|
| They performed a kidney transplant successfully. | Realizaron un trasplante de riñón con éxito. |
| The transplant of new ideas into the company culture was challenging. | El trasplante de nuevas ideas en la cultura de la empresa fue desafiante. |

**Prefijo sub-.** Indica bajo o inferior. Ejemplo: submarine (submarino).

### Subconscious – Subconsciente

| | |
|---|---|
| Dreams often tap into the subconscious mind. | Los sueños a menudo acceden a la mente subconsciente. |
| Meditation can help access your subconscious thoughts. | La meditación puede ayudar a acceder a tus pensamientos subconscientes. |

### Subdivide- Subdividir

| | |
|---|---|
| The land was subdivided into smaller lots for sale. | El terreno fue subdividido en parcelas más pequeñas para la venta. |
| They decided to subdivide the project into manageable tasks. | Decidieron subdividir el proyecto en tareas manejables. |

### Submarine – Submarino

| | |
|---|---|
| The navy uses submarines for underwater operations. | La marina utiliza submarinos para operaciones submarinas. |
| Exploring the depths of the ocean requires advanced submarine technology. | Explorar las profundidades del océano requiere tecnología submarina avanzada. |

## Submerge – Sumergir

| | |
|---|---|
| The submarine can submerge to great depths. | El submarino puede sumergirse a grandes profundidades. |
| She likes to submerge herself in books over the weekend. | A ella le gusta sumergirse en los libros durante el fin de semana. |

## Subordinate– Subordinado

| | |
|---|---|
| He is a subordinate to the department manager. | Él es subordinado del gerente de departamento. |
| In the military, soldiers are subordinate to their officers. | En el ejército, los soldados son subordinados a sus oficiales. |

## Subside – Bajar

| | |
|---|---|
| After the storm, the floodwaters began to subside. | Después de la tormenta, las aguas de la inundación comenzaron a bajar. |
| His anger gradually subsided as he calmed down. | Su ira disminuyó gradualmente a medida que se calmaba. |

## Substantial – Sustancial

| | |
|---|---|
| They received a substantial amount of money from the sale. | Recibieron una cantidad sustancial de dinero por la venta. |
| There has been substantial progress in medical research. | Ha habido progreso sustancial en la investigación médica. |

## Substitute– Sustituto

| | |
|---|---|
| She used almond milk as a substitute for regular milk. | Ella usó leche de almendras como sustituto de la leche regular. |
| In case of emergency, he can serve as a substitute teacher. | En caso de emergencia, él puede actuar como maestro sustituto. |

## Subtitle – Subtítulo

| | |
|---|---|
| The movie has subtitles in multiple languages. | La película tiene subtítulos en varios idiomas. |
| He added subtitles to the video for international viewers. | Él añadió subtítulos al video para los espectadores internacionales. |

**Prefijo inter-.** Significa entre o entre. Ejemplo: international (internacional).

## Interact - Interactuar

| | |
|---|---|
| Students are encouraged to interact with each other during group projects. | Se anima a los estudiantes a interactuar entre sí durante los proyectos grupales. |

## Interchange- Intercambiar

| | |
|---|---|
| We can interchange ideas freely during the brainstorming session. | Podemos intercambiar ideas libremente durante la sesión de lluvia de ideas. |
| The interchange of goods between countries is regulated by trade agreements. | El intercambio de bienes entre países está regulado por acuerdos comerciales. |

## Intercom - Intercomunicador

| | |
|---|---|
| They installed an intercom system in the building for easier communication. | Instalaron un sistema de intercomunicación en el edificio para una comunicación más fácil. |
| The nurse used the intercom to call the doctor to the emergency room. | La enfermera usó el intercomunicador para llamar al médico a la sala de emergencias. |

## Interdependent – Interdependiente

| | |
|---|---|
| The ecosystem consists of interdependent organisms. | El ecosistema está formado por organismos interdependientes. |
| The success of the project relies on the interdependent efforts of the team members. | El éxito del proyecto depende de los esfuerzos interdependientes de los miembros del equipo. |

## Interface– Interfaz

| | |
|---|---|
| The new software has an intuitive user interface. | El nuevo software tiene una interfaz de usuario intuitiva. |
| Engineers are working on improving the interface of the mobile app. | Los ingenieros están trabajando en mejorar la interfaz de la aplicación móvil. |

## Interfere – Interferir

| | |
|---|---|
| Please do not interfere while I'm working on this delicate task. | Por favor, no interfieras mientras estoy trabajando en esta tarea delicada. |
| The storm might interfere with our travel plans. | La tormenta podría interferir con nuestros planes de viaje. |

## Intermediate – Intermedio

| | |
|---|---|
| She is taking intermediate Spanish classes to improve her language skills. | Ella está tomando clases de español intermedio para mejorar sus habilidades lingüísticas. |
| His level of expertise is intermediate in computer programming. | Su nivel de experiencia es intermedio en programación de computadoras. |

## Intersect– Intersectar

| | |
|---|---|
| The two roads intersect at the main junction downtown. | Las dos carreteras se intersectan en el cruce principal del centro. |

## Intervene – Intervenir

| | |
|---|---|
| The teacher had to intervene to stop the argument between students. | El maestro tuvo que intervenir para detener la discusión entre los estudiantes. |
| The police officer intervened to prevent the fight from escalating. | El oficial de policía intervino para evitar que la pelea escalara. |

**Prefijo multi-.** Indica muchos o varios. Ejemplo: multimedia (multimedia).

### Multicultural – Multicultural

| | |
|---|---|
| The city celebrates its multicultural population with various festivals. | La ciudad celebra a su población multicultural con varios festivales. |
| Their school promotes a multicultural environment through diverse activities. | Su escuela promueve un ambiente multicultural a través de actividades diversas. |

### Multifunctional– Multifuncional

| | |
|---|---|
| The new smartphone is multifunctional, combining a camera, a music player, and a GPS. | El nuevo teléfono inteligente es multifuncional, combinando una cámara, un reproductor de música y un GPS. |

### Multilateral – Multilateral

| | |
|---|---|
| The treaty was signed through multilateral negotiations involving several countries. | El tratado se firmó mediante negociaciones multilaterales que involucraron a varios países. |
| They discussed the issue in a multilateral meeting of world leaders. | Discutieron el tema en una reunión multilateral de líderes mundiales. |

## Multilingual – Multilingüe

| | |
|---|---|
| She is fluent in several languages, making her multilingual. | Ella habla varios idiomas con fluidez, lo que la hace multilingüe. |
| The conference provided multilingual support for attendees from different countries. | La conferencia ofreció soporte multilingüe para los asistentes de diferentes países. |

## Multimedia– Multimedia

| | |
|---|---|
| The course includes multimedia presentations to enhance learning. | El curso incluye presentaciones multimedia para mejorar el aprendizaje. |
| They work in the multimedia industry, creating content for various platforms. | Trabajan en la industria multimedia, creando contenido para diversas plataformas. |

## Multinational – Multinacional

| | |
|---|---|
| The company is a multinational corporation with offices in over 20 countries. | La empresa es una corporación multinacional con oficinas en más de 20 países. |

## Multiphase – Multiphase

| | |
|---|---|
| The project is in its multiphase development, with different stages of completion. | El proyecto está en su desarrollo multiphase, con diferentes etapas de finalización. |
| They conducted a multiphase study to analyze the effects of climate change. | Realizaron un estudio multiphase para analizar los efectos del cambio climático. |

## Multiplicity– Multiplicidad

| | |
|---|---|
| The multiplicity of opinions led to a vibrant discussion. | La multiplicidad de opiniones condujo a una discusión vibrante. |
| They explored the multiplicity of cultures during their travels. | Exploraron la multiplicidad de culturas durante sus viajes. |

## Multiprocessor – Multiprocesador

| | |
|---|---|
| The new computer has a multiprocessor design for faster performance. | La nueva computadora tiene un diseño multiprocesador para un rendimiento más rápido. |

## Multipurpose – Multiusos

| | |
|---|---|
| The multipurpose hall can be used for meetings, events, and exhibitions. | El salón multiusos se puede utilizar para reuniones, eventos y exposiciones. |
| They designed a multipurpose tool that serves various functions. | Diseñaron una herramienta multiusos que sirve para diversas funciones. |

## Multitask– Multitarea

| | |
|---|---|
| She has the ability to multitask effectively, handling multiple projects at once. | Ella tiene la capacidad de realizar multitareas de manera efectiva, manejando varios proyectos a la vez. |
| Multitasking is a common skill required in today's fast-paced work environment. | La multitarea es una habilidad común requerida en el entorno laboral actual de ritmo acelerado. |

**Prefijo auto-.** Significa funcionalidad autónoma o solo. Ejemplo: automatic (automático).

## Autobiography - Autobiografía

| | |
|---|---|
| She published her autobiography last year, detailing her life story. | Publicó su autobiografía el año pasado, detallando su historia de vida. |
| Reading an autobiography gives insight into the author's personal experiences. | Leer una autobiografía proporciona una visión de las experiencias personales del autor. |

## Autofocus- Enfoque automático

| | |
|---|---|
| The camera has a fast autofocus feature that captures sharp images. | La cámara tiene una función de enfoque automático rápido que captura imágenes nítidas. |
| He adjusted the lens to ensure the autofocus worked perfectly. | Ajustó el objetivo para asegurar que el enfoque automático funcionara perfectamente. |

## Autograph - Autógrafo

| | |
|---|---|
| He asked the actor for an autograph after the show. | Le pidió al actor un autógrafo después del espectáculo. |

## Automatic – Automático

| | |
|---|---|
| The doors opened automatically as we approached the entrance. | Las puertas se abrieron automáticamente al acercarnos a la entrada. |
| The factory uses automatic machines for efficient production. | La fábrica utiliza máquinas automáticas para una producción eficiente. |

## Automobile– Automóvil

| | |
|---|---|
| He bought a new automobile with advanced features. | Compró un automóvil nuevo con características avanzadas. |

## Autonomy – Autonomía

| | |
|---|---|
| The country gained autonomy after years of struggle for independence. | El país obtuvo autonomía después de años de lucha por la independencia. |
| Employees appreciate having autonomy in their work tasks. | Los empleados aprecian tener autonomía en sus tareas laborales. |

**Prefijo hyper-.** Indica más allá o superior. Ejemplo: hyperactive (hiperactivo).

## Hyperactive – Hiperactivo

| | |
|---|---|
| The child is hyperactive and finds it hard to sit still for long. | El niño es hiperactivo y le cuesta quedarse quieto por mucho tiempo. |
| The doctor diagnosed him with hyperactive behavior that requires management. | El médico le diagnosticó un comportamiento hiperactivo que requiere manejo. |

## Hyperactivity– Hiperactividad

| | |
|---|---|
| Hyperactivity can sometimes be managed through medication and therapy. | La hiperactividad a veces puede manejarse con medicamentos y terapia. |
| Her hyperactivity often leads her to engage in multiple activities simultaneously. | Su hiperactividad a menudo la lleva a realizar múltiples actividades simultáneamente. |

## Hypercritical – Hiper crítico

| | |
|---|---|
| He is known for his hypercritical attitude towards others' work. | Es conocido por su actitud hiper crítica hacia el trabajo de los demás. |

## Hyperextend – Hiperextender

| | |
|---|---|
| She accidentally hyperextended her knee during gymnastics practice. | Se hiperextendió accidentalmente la rodilla durante la práctica de gimnasia. |
| Hyperextending the muscles can lead to strains and injuries. | Hiperextender los músculos puede provocar tensiones y lesiones. |

## Hyperglycemia– Hiperglucemia

| | |
|---|---|
| Hyperglycemia occurs when blood sugar levels are excessively high. | La hiperglucemia ocurre cuando los niveles de azúcar en la sangre son excesivamente altos. |
| Managing hyperglycemia is crucial for individuals with diabetes. | Gestionar la hiperglucemia es crucial para las personas con diabetes. |

## Hyperinflation – Hiperinflación

| | |
|---|---|
| Hyperinflation can lead to economic instability and hardship for the population. | La hiperinflación puede conducir a la inestabilidad económica y dificultades para la población. |

## Hyperlink – Hipervínculo

| | |
|---|---|
| Click on the hyperlink to access additional information. | Haz clic en el hipervínculo para acceder a información adicional. |
| Websites use hyperlinks to connect different pages and resources. | Los sitios web utilizan hipervínculos para conectar diferentes páginas y recursos. |

## Hypermarket– Hipermercado

| | |
|---|---|
| They prefer shopping at the hypermarket because of its wide range of products. | Prefieren hacer compras en el hipermercado debido a su amplia gama de productos. |
| The hypermarket offers everything from groceries to electronics under one roof. | El hipermercado ofrece desde comestibles hasta productos electrónicos bajo un mismo techo. |

## Hypersensitive – Hipersensible

| | |
|---|---|
| She is hypersensitive to criticism and takes it very personally. | Ella es hipersensible a las críticas y las toma muy personalmente. |

# Suffixes: Sufijos

Los sufijos también son partículas que se añaden al final de una palabra raíz para modificar su significado y, a menudo, su categoría gramatical, en este, punto se diferencia de los prefijos. Es decir, los sufijos pueden cambiar sustantivos en adjetivos, verbos en sustantivos, etc. Por ejemplo, el sufijo "-ness" en "**happy**" (feliz) cambia la palabra a "**happiness**" (felicidad).

Además de incrementar nuestro vocabulario, son fundamentales porque nos ayudan a entender el significado de palabras desconocidas en contextos de lectura.

De forma conjunta, tanto prefijos y sufijos nos facilitan a crear palabras más precisas y variadas en la escritura. Sobre todo, contribuyen en el aprendizaje de nuevas palabras y la memoria de las existentes.

Para mejor comprensión le presentamos los sufijos más comunes en en inglés:

**Sufijos -able / -ible:** Indican la capacidad o posibilidad de hacer algo. Ejemplos: readable (legible), possible (posible).

### Acceptable – Aceptable

| | |
|---|---|
| His proposal was acceptable to the board of directors. | Su propuesta fue aceptable para la junta directiva. |
| The quality of the product was barely acceptable. | La calidad del producto apenas fue aceptable. |

### Adjustable– Ajustable

| | |
|---|---|
| The chair has adjustable height settings. | La silla tiene ajustes de altura ajustables. |
| She prefers adjustable clothing because it fits better. | Ella prefiere la ropa ajustable porque le queda mejor. |

### Available – Disponible

| | |
|---|---|
| The new model of the phone will be available next month. | El nuevo modelo del teléfono estará disponible el próximo mes. |
| Is there any information available about the event? | ¿Hay alguna información disponible sobre el evento? |

## Comfortable – Cómodo

| | |
|---|---|
| The sofa is very comfortable for lounging. | El sofá es muy cómodo para descansar. |
| She found a comfortable position to sleep in. | Encontró una posición cómoda para dormir. |

## Comparable– Comparable

| | |
|---|---|
| Their performance this year is comparable to last year's. | Su desempeño este año es comparable al del año pasado. |
| This computer is comparable in price to others in its category. | Esta computadora es comparable en precio a otras en su categoría. |

## Enjoyable – Agradable

| | |
|---|---|
| We had an enjoyable time at the beach. | Tuvimos un tiempo agradable en la playa. |
| Reading is an enjoyable way to relax. | Leer es una forma agradable de relajarse. |

## Memorable – Memorizable

| | |
|---|---|
| Their wedding was a memorable event for everyone. | Su boda fue un evento memorable para todos. |
| The speech was so inspiring, it was easily memorizable. | El discurso fue tan inspirador que fue fácil de memorizar. |

## Reasonable– Razonable

| | |
|---|---|
| She offered a reasonable explanation for her absence. | Ella ofreció una explicación razonable por su ausencia. |
| The price of the item seemed reasonable given its quality. | El precio del artículo parecía razonable dada su calidad. |

## Reliable – Confiable

| | |
|---|---|
| He is known for being a reliable worker who always meets deadlines. | Es conocido por ser un trabajador confiable que siempre cumple con los plazos. |
| The car has proven to be very reliable over the years. | El coche ha demostrado ser muy confiable a lo largo de los años. |

## Remarkable – Notable

| | |
|---|---|
| Her achievements are remarkable considering her age. | Sus logros son notables considerando su edad. |
| The artist's talent is truly remarkable. | El talento del artista es realmente notable. |

## Remarkable– Remarcable

| | |
|---|---|
| His improvement in such a short time is remarkable. | Su mejora en tan poco tiempo es remarcable. |
| The results were remarcable for their accuracy. | Los resultados fueron remarcables por su precisión. |

## Understandable – Comprensible

| | |
|---|---|
| The instructions were clear and understandable. | Las instrucciones fueron claras y comprensibles. |
| Her reaction to the news is completely understandable. | Su reacción ante la noticia es completamente comprensible. |

## Accessible – Accesible

| | |
|---|---|
| The new ramp makes the building accessible to wheelchair users. | La nueva rampa hace el edificio accesible para usuarios de silla de ruedas. |
| The information is easily accessible online. | La información es fácilmente accesible en línea. |

## Audible– Audible

| | |
|---|---|
| His voice was barely audible in the noisy room. | Su voz apenas era audible en la sala ruidosa. |
| The audible alarm signaled the start of the evacuation. | La alarma audible señaló el inicio de la evacuación. |

## Compatible – Compatible

| | |
|---|---|
| The software update is compatible with older operating systems. | La actualización de software es compatible con sistemas operativos más antiguos. |

## Edible - Comestible

| | |
|---|---|
| The berries looked ripe and edible. | Las bayas parecían maduras y comestibles. |
| Some insects are not only edible but also nutritious. | Algunos insectos no solo son comestibles sino también nutritivos. |

## Feasible- Factible

| | |
|---|---|
| Is it feasible to complete the project by next month? | ¿Es factible completar el proyecto para el próximo mes? |
| The plan seemed feasible given the resources available. | El plan parecía factible dadas los recursos disponibles. |

## Flexible - Flexible

| | |
|---|---|
| Her schedule is flexible enough to accommodate last-minute changes. | Su horario es lo suficientemente flexible como para adaptarse a cambios de último momento. |
| Yoga helps improve flexibility and strength. | El yoga ayuda a mejorar la flexibilidad y la fuerza. |

## Incredible – Increíble

| | |
|---|---|
| The view from the top of the mountain was incredible. | La vista desde la cima de la montaña fue increíble. |
| His story of survival was truly incredible. | Su historia de supervivencia fue realmente increíble. |

## Invisible– Invisible

| | |
|---|---|
| The ink from the invisible pen becomes visible under UV light. | La tinta de la pluma invisible se vuelve visible bajo la luz UV. |
| Poverty is often considered the invisible problem in society. | La pobreza a menudo se considera el problema invisible en la sociedad. |

## Legible – Legible

| | |
|---|---|
| Please write in legible handwriting so everyone can read it. | Por favor, escribe con una letra legible para que todos puedan leerlo. |
| The font used in the book is clear and legible. | El tipo de letra usado en el libro es claro y legible. |

## Possible – Posible

| | |
|---|---|
| Is it possible to arrive on time despite the traffic? | ¿Es posible llegar a tiempo a pesar del tráfico? |
| Learning a new language is always possible with dedication. | Aprender un nuevo idioma siempre es posible con dedicación. |

## Responsible– Responsable

| | |
|---|---|
| She is responsible for managing the project budget. | Ella es responsable de administrar el presupuesto del proyecto. |
| Being a pet owner means being responsible for their care. | Ser dueño de una mascota implica ser responsable de su cuidado. |

## Sensible – Sensible

| | |
|---|---|
| It's sensible to wear sunscreen on a sunny day. | Es sensato usar protector solar en un día soleado. |
| She gave sensible advice about managing stress. | Ella dio consejos sensatos sobre cómo manejar el estrés. |

Terrible – Terrible

| The weather was terrible during their vacation. | El clima fue terrible durante sus vacaciones. |
| The movie received terrible reviews from critics. | La película recibió críticas terribles de los críticos. |

Visible– Visible

| The stars were clearly visible in the night sky. | Las estrellas eran claramente visibles en el cielo nocturno. |
| The damage to the car was visible after the accident. | El daño al coche era visible después del accidente. |

**Sufijo -ness:** Forma sustantivos abstractos que denotan estado o condición. Ejemplo: happiness (felicidad), kindness (amabilidad).

## Boldness – Valentía

| | |
|---|---|
| His boldness in standing up for what's right inspired others. | Su valentía al defender lo que es correcto inspiró a otros. |
| Boldness is often rewarded in entrepreneurial ventures. | La valentía a menudo se recompensa en emprendimientos empresariales. |

## Darkness- Oscuridad

| | |
|---|---|
| They were afraid of the darkness in the forest. | Tenían miedo de la oscuridad en el bosque. |
| The room was filled with darkness after the power outage. | La habitación quedó llena de oscuridad después del corte de energía. |

## Fitness – Aptitud

| | |
|---|---|
| His fitness level allowed him to complete the marathon. | Su aptitud física le permitió completar el maratón. |
| The job requires a high level of fitness due to physical demands. | El trabajo requiere un alto nivel de aptitud debido a las demandas físicas. |

## Greatness – Grandeza

| | |
|---|---|
| The artist's work achieved greatness in the art world. | La obra del artista alcanzó la grandeza en el mundo del arte. |
| Achieving greatness requires dedication and hard work. | Alcanzar la grandeza requiere dedicación y trabajo duro. |

## Happiness– Felicidad

| | |
|---|---|
| Her smile showed her happiness at the news. | Su sonrisa mostraba su felicidad por la noticia. |
| True happiness comes from within. | La verdadera felicidad viene de adentro. |

## Kindness – Amabilidad

| | |
|---|---|
| Acts of kindness can make a big difference in someone's day. | Los actos de amabilidad pueden marcar una gran diferencia en el día de alguien. |
| She was known for her kindness towards animals. | Era conocida por su amabilidad hacia los animales. |

## Laziness – Pereza

His laziness prevented him from completing his homework on time.

Su pereza le impidió terminar sus deberes a tiempo.

Overcoming laziness requires motivation and discipline.

Superar la pereza requiere motivación y disciplina.

## Loneliness– Soledad

She felt loneliness after moving to a new city.

Ella sintió soledad después de mudarse a una nueva ciudad.

Loneliness can sometimes lead to depression.

La soledad a veces puede llevar a la depresión.

## Openness – Apertura

The company encourages openness and transparency among employees.

La empresa fomenta la apertura y transparencia entre los empleados.

Her openness to new ideas helped the team innovate.

Su apertura a nuevas ideas ayudó al equipo a innovar.

## Sadness – Tristeza

| | |
|---|---|
| He couldn't hide the sadness in his eyes. | No pudo ocultar la tristeza en sus ojos. |
| Coping with sadness is an important part of emotional resilience. | Afrontar la tristeza es una parte importante de la resiliencia emocional. |

## Sharpness– Agudeza

| | |
|---|---|
| The sharpness of his wit made everyone laugh. | La agudeza de su ingenio hizo reír a todos. |
| The sharpness of the knife made cutting vegetables easy. | La agudeza del cuchillo facilitó cortar las verduras. |

## Softness – Suavidad

| | |
|---|---|
| The softness of the fabric made the blanket cozy. | La suavidad de la tela hizo que la manta fuera acogedora. |
| She was touched by the softness in his voice. | Ella fue conmovida por la suavidad en su voz. |

## Sweetness – Dulzura

| | |
|---|---|
| The sweetness of the dessert delighted everyone at the party. | La dulzura del postre deleitó a todos en la fiesta. |
| Her words were filled with sweetness and kindness. | Sus palabras estaban llenas de dulzura y amabilidad. |

## Tenderness– Ternura

| | |
|---|---|
| He showed tenderness towards his newborn baby. | Mostró ternura hacia su bebé recién nacido. |
| The painting captured the tenderness between the two lovers. | El cuadro capturó la ternura entre los dos amantes. |

## Weakness – Debilidad

| | |
|---|---|
| Recognizing your weaknesses is the first step towards improvement. | Reconocer tus debilidades es el primer paso hacia la mejora. |
| His fear of heights was his greatest weakness. | Su miedo a las alturas era su mayor debilidad. |

**Sufijo -ment:** Sufijo que forma sustantivos que denotan acción, resultado o proceso de algo. Ejemplo: movement (movimiento), development (desarrollo).

## Achievement - Logro

| | |
|---|---|
| Winning the championship was a great achievement for the team. | Ganar el campeonato fue un gran logro para el equipo. |
| Her academic achievements earned her a scholarship. | Sus logros académicos le valieron una beca. |

## Agreement- Acuerdo

| | |
|---|---|
| They reached an agreement on the terms of the contract. | Llegaron a un acuerdo sobre los términos del contrato. |
| There is widespread agreement among scientists about climate change. | Existe un amplio acuerdo entre los científicos sobre el cambio climático. |

## Announcement - Anuncio

| | |
|---|---|
| The president made an important announcement regarding tax reforms. | El presidente hizo un anuncio importante sobre reformas fiscales. |

## Development – Desarrollo

| | |
|---|---|
| The city has seen significant development in its infrastructure. | La ciudad ha experimentado un desarrollo significativo en su infraestructura. |
| The development of technology has changed the way we live. | El desarrollo de la tecnología ha cambiado nuestra forma de vivir. |

## Document– Documento

| | |
|---|---|
| Make sure you have all the necessary documents before traveling. | Asegúrate de tener todos los documentos necesarios antes de viajar. |
| The legal team prepared a detailed document outlining their case. | El equipo legal preparó un documento detallado describiendo su caso. |

## Employment – Empleo

| | |
|---|---|
| Finding employment in a competitive job market can be challenging. | Encontrar empleo en un mercado laboral competitivo puede ser desafiante. |

## Environment – Medio ambiente

| | |
|---|---|
| Protecting the environment is crucial for future generations. | Proteger el medio ambiente es crucial para las generaciones futuras. |
| They conducted a study on the impact of pollution on the local environment. | Realizaron un estudio sobre el impacto de la contaminación en el medio ambiente local. |

## Experiment– Experimento

| | |
|---|---|
| The scientists conducted an experiment to test their hypothesis. | Los científicos realizaron un experimento para probar su hipótesis. |
| She designed an experiment to investigate plant growth under different conditions. | Diseñó un experimento para investigar el crecimiento de las plantas bajo diferentes condiciones. |

## Government – Gobierno

| | |
|---|---|
| The government introduced new regulations to control inflation. | El gobierno introdujo nuevas regulaciones para controlar la inflación. |

## Improvement – Mejora

| They made significant improvements to the product based on customer feedback. | Realizaron mejoras significativas en el producto basadas en la retroalimentación de los clientes. |
| There has been a noticeable improvement in her English skills. | Ha habido una mejora notable en sus habilidades de inglés. |

## Investment– Inversión

| The company announced a new investment plan to expand its operations. | La empresa anunció un nuevo plan de inversión para expandir sus operaciones. |
| Investing in education is crucial for the country's future prosperity. | Invertir en educación es crucial para la prosperidad futura del país. |

## Management – Gestión

| Effective management is key to the success of any organization. | La gestión efectiva es clave para el éxito de cualquier organización. |

## Movement – Movimiento

| | |
|---|---|
| The civil rights movement brought about significant social change. | El movimiento de derechos civiles provocó un cambio social significativo. |
| There was a sudden movement in the bushes, startling the hikers. | Hubo un movimiento repentino en los arbustos que asustó a los excursionistas. |

## Requirement– Requisito

| | |
|---|---|
| Fluency in English is a requirement for this job. | La fluidez en inglés es un requisito para este trabajo. |
| Meeting the minimum age requirement is necessary to apply for a driver's license. | Cumplir con el requisito mínimo de edad es necesario para solicitar una licencia de conducir. |

## Treatment – Tratamiento

| | |
|---|---|
| The patient underwent a new experimental treatment for her condition. | La paciente se sometió a un nuevo tratamiento experimental para su condición. |

**Sufijos -ion / -tion / -sion:** Indican acción, proceso, resultado o estado. Ejemplos: action (acción), information (información), discussion (discusión).

## Action – Acción

| | |
|---|---|
| The government took swift action to address the crisis. | El gobierno tomó una acción rápida para abordar la crisis. |
| His speech inspired action among the listeners. | Su discurso inspiró acción entre los oyentes. |

## Admission– Admisión

| | |
|---|---|
| Her admission to the university was a dream come true. | Su admisión a la universidad fue un sueño hecho realidad. |
| The admission fee includes access to all exhibits. | La admisión incluye acceso a todas las exhibiciones. |

## Attention – Atención

| | |
|---|---|
| Pay attention to the details to avoid mistakes. | Presta atención a los detalles para evitar errores. |
| The teacher's attention to each student's progress was commendable. | La atención del profesor al progreso de cada estudiante fue encomiable. |

## Condition – Condición

| | |
|---|---|
| The car was sold in excellent condition. | El coche se vendió en excelente condición. |
| He agreed to the contract under certain conditions. | Aceptó el contrato bajo ciertas condiciones. |

## Conversion– Conversión

| | |
|---|---|
| The conversion of the old factory into a museum was successful. | La conversión de la antigua fábrica en un museo fue exitosa. |
| She completed the currency conversion at the bank. | Realizó la conversión de divisas en el banco. |

## Decision – Decisión

| | |
|---|---|
| Making a decision on which college to attend was difficult. | Tomar la decisión de a qué universidad asistir fue difícil. |
| The board made a unanimous decision to approve the project. | La junta tomó la decisión unánime de aprobar el proyecto. |

## Discussion - Discusión

| | |
|---|---|
| They had a heated discussion about politics. | Tuvieron una acalorada discusión sobre política. |
| The team gathered for a discussion on the new marketing strategy. | El equipo se reunió para una discusión sobre la nueva estrategia de marketing. |

## Extension- Extensión

| | |
|---|---|
| The extension of the deadline was granted due to unforeseen circumstances. | Se concedió una extensión del plazo debido a circunstancias imprevistas. |
| The file format requires the extension ".txt" for text documents. | El formato de archivo requiere la extensión ".txt" para documentos de texto. |

## Function - Función

| | |
|---|---|
| The main function of the heart is to pump blood throughout the body. | La función principal del corazón es bombear sangre por todo el cuerpo. |

## Mission – Misión

| | |
|---|---|
| The company's mission is to provide quality products to customers. | La misión de la empresa es proporcionar productos de calidad a los clientes. |
| The astronauts embarked on a mission to explore Mars. | Los astronautas emprendieron una misión para explorar Marte. |

## Option– Opción

| | |
|---|---|
| You have the option to pay by credit card or cash. | Tienes la opción de pagar con tarjeta de crédito o en efectivo. |
| There are several options available for vacation packages. | Hay varias opciones disponibles para paquetes de vacaciones. |

## Position – Posición

| | |
|---|---|
| She applied for a position as a marketing manager. | Solicitó un puesto como gerente de marketing. |
| The satellite is in a geostationary position above the equator. | El satélite está en una posición geoestacionaria sobre el ecuador. |

## Session – Sesión

| Please log in to join the online session. | Por favor, inicia sesión para unirte a la sesión en línea. |
| The therapy session helped her cope with stress. | La sesión de terapia la ayudó a enfrentar el estrés. |

## Solution– Solución

| Finding a solution to the problem required teamwork. | Encontrar una solución al problema requirió trabajo en equipo. |
| The scientist proposed an innovative solution to reduce pollution. | El científico propuso una solución innovadora para reducir la contaminación. |

**Sufijos -ity / -ty:** Forman sustantivos abstractos que denotan cualidad o estado. Ejemplos: stability (estabilidad), curiosity (curiosidad).

## Ability – Capacidad

| | |
|---|---|
| Her ability to speak multiple languages impressed everyone. | Su capacidad para hablar varios idiomas impresionó a todos. |
| Training improves your ability to perform under pressure. | El entrenamiento mejora tu capacidad para rendir bajo presión. |

## Activity– Actividad

| | |
|---|---|
| Physical activity is important for maintaining health. | La actividad física es importante para mantener la salud. |
| The school organized extracurricular activities for students. | La escuela organizó actividades extracurriculares para los estudiantes. |

## Authority – Autoridad

| | |
|---|---|
| The police have authority to enforce laws. | La policía tiene autoridad para hacer cumplir las leyes. |

## Charity – Caridad

| | |
|---|---|
| They donated generously to charity every year. | Donaban generosamente a la caridad cada año. |
| Charity organizations help those in need in the community. | Las organizaciones de caridad ayudan a los necesitados en la comunidad. |

## Community– Comunidad

| | |
|---|---|
| The community came together to support the local school. | La comunidad se unió para apoyar a la escuela local. |

## Creativity – Creatividad

| | |
|---|---|
| His creativity in solving problems was well-known. | Su creatividad para resolver problemas era conocida. |
| The arts program encourages creativity among students. | El programa de artes fomenta la creatividad entre los estudiantes. |

## Identity – Identidad

| | |
|---|---|
| She struggled with her identity after moving to a new country. | Ella luchó con su identidad después de mudarse a un nuevo país. |
| The company's brand identity is recognized worldwide. | La identidad de marca de la empresa es reconocida a nivel mundial. |

## Liberty– Libertad

| | |
|---|---|
| Freedom of speech is a fundamental liberty. | La libertad de expresión es una libertad fundamental. |
| They fought for their liberties against oppressive rule. | Lucharon por sus libertades contra un gobierno opresivo. |

## Opportunity – Oportunidad

| | |
|---|---|
| He saw the job interview as an opportunity to advance his career. | Vio la entrevista de trabajo como una oportunidad para avanzar en su carrera. |

## Quality – Calidad

| | |
|---|---|
| The restaurant is known for its high-quality food. | El restaurante es conocido por su comida de alta calidad. |
| The new phone model boasts improved quality features. | El nuevo modelo de teléfono presume de características de calidad mejoradas. |

## Quantity- Cantidad

| | |
|---|---|
| We need to increase the quantity of production to meet demand. | Necesitamos aumentar la cantidad de producción para satisfacer la demanda. |
| She measured the quantity of ingredients needed for the recipe. | Midió la cantidad de ingredientes necesarios para la receta. |

## Reality – Realidad

| | |
|---|---|
| The novel explores themes that reflect social reality. | La novela explora temas que reflejan la realidad social. |

## Responsibility – Responsabilidad

| | |
|---|---|
| Parents have a responsibility to care for their children. | Los padres tienen la responsabilidad de cuidar a sus hijos. |
| Taking on more responsibility at work led to a promotion. | Asumir más responsabilidades en el trabajo llevó a un ascenso. |

## Security– Seguridad

| | |
|---|---|
| The security measures at the airport were strict. | Las medidas de seguridad en el aeropuerto eran estrictas. |
| Financial security is important for peace of mind. | La seguridad financiera es importante para la tranquilidad. |

## University – Universidad

| | |
|---|---|
| The university offers a wide range of academic programs. | La universidad ofrece una amplia gama de programas académicos. |

**Sufijos -er / -or:** Indican agente o persona que realiza una acción o tiene una ocupación. Ejemplos: teacher (profesor), actor (actor).

## Baker – Panadero/a

| | |
|---|---|
| The baker prepares fresh bread every morning. | El panadero prepara pan fresco todas las mañanas. |
| She's training to become a baker at the local bakery. | Ella está entrenando para convertirse en panadera en la panadería local. |

## Builder– Constructor/a

| | |
|---|---|
| The builder is constructing a new office building downtown. | El constructor está construyendo un nuevo edificio de oficinas en el centro. |
| She hired a builder to renovate her house. | Contrató a un constructor para renovar su casa. |

## Dancer – Bailarín/a

| | |
|---|---|
| The dancer performed a breathtaking ballet routine. | El bailarín realizó una rutina de ballet impresionante. |

## Doctor – Médico

| The doctor specializes in pediatric medicine. | El médico se especializa en medicina pediátrica. |
| She visits the doctor regularly for check-ups. | Ella visita al médico regularmente para chequeos. |

## Driver– Conductor/a

| The driver safely navigated through heavy traffic. | El conductor navegó de manera segura a través del tráfico pesado. |
| She's a professional race car driver. | Ella es una conductora profesional de autos de carrera. |

## Engineer – Ingeniero/a

| The engineer designed the new bridge over the river. | El ingeniero diseñó el nuevo puente sobre el río. |
| She works as a software engineer at a tech company. | Ella trabaja como ingeniera de software en una empresa tecnológica. |

## Farmer – Granjero/a

| | |
|---|---|
| The farmer grows vegetables and raises livestock. | El granjero cultiva vegetales y cría ganado. |
| She inherited the family farm from her parents. | Ella heredó la granja familiar de sus padres. |

## Gardener– Jardinero/a

| | |
|---|---|
| The gardener takes care of the flowers in the botanical garden. | El jardinero cuida las flores en el jardín botánico. |
| She enjoys working as a gardener because of her love for plants. | A ella le gusta trabajar como jardinera por su amor a las plantas. |

## Lawyer – Abogado/a

| | |
|---|---|
| The lawyer defended her client in court. | La abogada defendió a su cliente en el tribunal. |
| She's a corporate lawyer specializing in mergers and acquisitions. | Ella es una abogada corporativa especializada en fusiones y adquisiciones. |

## Painter – Pintor/a

| | |
|---|---|
| The painter exhibited her latest artwork at the gallery. | La pintora exhibió su última obra de arte en la galería. |
| She hired a house painter to paint her living room. | Contrató a un pintor para pintar su sala de estar. |

## Programmer– Programador/a

| | |
|---|---|
| The programmer developed a new app for mobile devices. | El programador desarrolló una nueva aplicación para dispositivos móviles. |
| She's studying to become a computer programmer. | Ella está estudiando para convertirse en programadora informática. |

## Singer – Cantante

| | |
|---|---|
| The singer performed a heartfelt song at the concert. | La cantante interpretó una canción emotiva en el concierto. |
| She dreams of becoming a famous opera singer one day. | Ella sueña con convertirse en una famosa cantante de ópera algún día. |

## Teacher – Profesor/a

| | |
|---|---|
| The teacher inspires her students to love learning. | La profesora inspira a sus estudiantes a amar el aprendizaje. |
| She teaches English at a local high school. | Ella enseña inglés en una escuela secundaria local. |

## Waiter– Camarero

| | |
|---|---|
| The waiter served delicious food with a smile. | El camarero sirvió comida deliciosa con una sonrisa. |
| She worked as a waitress to pay for college. | Ella trabajó como camarera para pagar la universidad. |

## Writer – Escritor/a

| | |
|---|---|
| The writer published her first novel last year. | La escritora publicó su primera novela el año pasado. |
| She's known for her articles as a freelance writer. | Ella es conocida por sus artículos como escritora independiente. |

## Counselor - Consejero

| | |
|---|---|
| The counselor helps students with academic and personal issues. | El consejero ayuda a los estudiantes con problemas académicos y personales. |
| She works as a counselor at a local community center. | Ella trabaja como consejera en un centro comunitario local. |

## Director- Director

| | |
|---|---|
| The director of the company announced a new strategy. | El director de la empresa anunció una nueva estrategia. |
| She's the director of the school's drama club. | Ella es la directora del club de drama de la escuela. |

## Doctor - Doctor

| | |
|---|---|
| The doctor specializes in cardiology. | El doctor se especializa en cardiología. |
| She visited the doctor for a routine check-up. | Ella visitó al doctor para un chequeo de rutina. |

### Editor – Editor

|  |  |
|---|---|
| The editor reviewed the manuscript before publication. | El editor revisó el manuscrito antes de la publicación. |
| She works as a freelance editor for various magazines. | Ella trabaja como editora freelance para varias revistas. |

### Instructor– Instructor

|  |  |
|---|---|
| The instructor teaches yoga classes at the gym. | El instructor imparte clases de yoga en el gimnasio. |
| She's a certified instructor in scuba diving. | Ella es instructora certificada de buceo. |

### Investor – Inversor

|  |  |
|---|---|
| The investor decided to buy stocks in the tech sector. | El inversor decidió comprar acciones en el sector tecnológico. |
| She's an experienced real estate investor. | Ella es una inversora experimentada en bienes raíces. |

## Lawyer – Abogado

| | |
|---|---|
| The lawyer represented her client in court. | El abogado representó a su cliente en el tribunal. |
| She's a corporate lawyer specializing in intellectual property. | Ella es abogada corporativa especializada en propiedad intelectual. |

## Operator– Operador

| | |
|---|---|
| The operator answered calls at the customer service center. | El operador contestó llamadas en el centro de servicio al cliente. |
| She trained as a heavy machinery operator. | Ella se capacitó como operadora de maquinaria pesada. |

## Professor – Profesor

| | |
|---|---|
| The professor lectured on philosophy and ethics. | El profesor dio una conferencia sobre filosofía y ética. |
| She's a tenured professor at the university. | Ella es profesora titular en la universidad. |

## Sailor – Marinero

| | |
|---|---|
| The sailor navigated the ship through rough seas. | El marinero navegó el barco por mares agitados. |
| She joined the navy as a sailor after finishing school. | Ella se unió a la marina como marinera después de terminar la escuela. |

## Supervisor– Supervisor

| | |
|---|---|
| The supervisor oversees the production line in the factory. | El supervisor supervisa la línea de producción en la fábrica. |
| She was promoted to supervisor after years of hard work. | Ella fue ascendida a supervisora después de años de trabajo duro. |

## Vendor – Vendedor

| | |
|---|---|
| The vendor sells fresh fruits and vegetables at the market. | El vendedor vende frutas y verduras frescas en el mercado. |
| She's a street vendor selling handmade jewelry. | Ella es una vendedora ambulante que vende joyas hechas a mano. |

**Sufijo -ful:** Indica que algo está lleno de la cualidad expresada por la palabra raíz. Ejemplos: beautiful (hermoso), thankful (agradecido).

## Beautiful - Hermoso/a

| | |
|---|---|
| The sunset over the ocean was incredibly beautiful. | La puesta de sol sobre el océano fue increíblemente hermosa. |
| She wore a beautiful dress to the party. | Ella llevaba un vestido hermoso a la fiesta. |

## Careful- Cuidadoso/a

| | |
|---|---|
| Be careful when crossing the street. | Sé cuidadoso al cruzar la calle. |
| She is a careful driver, always obeying traffic rules. | Ella es una conductora cuidadosa, siempre obedeciendo las normas de tráfico. |

## Colorful - Colorido/a

| | |
|---|---|
| The market was full of colorful fruits and vegetables. | El mercado estaba lleno de frutas y verduras coloridas. |
| She painted a colorful mural on the school wall. | Ella pintó un mural colorido en la pared de la escuela. |

## Doubtful – Dudoso/a

| | |
|---|---|
| His explanation seemed doubtful to the jury. | Su explicación parecía dudosa al jurado. |
| She gave him a doubtful look when he made the claim. | Ella le dio una mirada dudosa cuando hizo la afirmación. |

## Faithful- Fiel

| | |
|---|---|
| Their dog is faithful and never leaves their side. | Su perro es fiel y nunca se separa de ellos. |
| She remained faithful to her principles throughout her career. | Ella permaneció fiel a sus principios a lo largo de su carrera. |

## Grateful - Agradecido/a

| | |
|---|---|
| He felt grateful for the help he received during a difficult time. | Se sintió agradecido por la ayuda que recibió durante un momento difícil. |
| She wrote a grateful note to thank her friend for the gift. | Ella escribió una nota de agradecimiento para agradecerle a su amiga por el regalo. |

**Joyful – Alegre**

| | |
|---|---|
| The children played in the park, their laughter joyful. | Los niños jugaron en el parque, sus risas eran alegres. |
| She felt joyful when she received the good news. | Se sintió alegre cuando recibió la buena noticia. |

**Painful- Doloroso/a**

| | |
|---|---|
| He suffered a painful injury during the soccer game. | Sufrió una lesión dolorosa durante el partido de fútbol. |
| She endured a painful breakup with her boyfriend. | Ella pasó por una dolorosa ruptura con su novio. |

**Peaceful – Pacífico/a**

| | |
|---|---|
| They found a peaceful spot by the lake to relax. | Encontraron un lugar pacífico junto al lago para relajarse. |
| She enjoyed the peaceful atmosphere of the countryside. | Ella disfrutó del ambiente pacífico del campo. |

## Playful – Juguetón/a

| | |
|---|---|
| The puppy was playful, chasing after its tail. | El cachorro era juguetón, persiguiendo su cola. |
| She had a playful personality, always joking with her friends. | Tenía una personalidad juguetona, siempre bromeando con sus amigos. |

## Powerful– Poderoso/a

| | |
|---|---|
| The hurricane was a powerful force of nature. | El huracán fue una poderosa fuerza de la naturaleza. |
| She delivered a powerful speech that moved the audience. | Ella dio un discurso poderoso que conmovió al público. |

## Skillful – Hábil

| | |
|---|---|
| He is a skillful craftsman, creating beautiful furniture. | Él es un artesano hábil, creando muebles hermosos. |
| She demonstrated her skillful handling of the difficult situation. | Ella demostró su hábil manejo de la situación difícil. |

## Successful – Exitoso/a

| | |
|---|---|
| The businesswoman was successful in her career endeavors. | La mujer de negocios fue exitosa en sus emprendimientos profesionales. |
| She felt successful after completing her first marathon. | Se sintió exitosa después de completar su primer maratón. |

## Useful– Útil

| | |
|---|---|
| The app is useful for organizing daily tasks. | La aplicación es útil para organizar las tareas diarias. |
| She found the information in the book very useful. | Ella encontró la información en el libro muy útil. |

## Wonderful – Maravilloso/a

| | |
|---|---|
| They had a wonderful time at the beach during their vacation. | Lo pasaron maravillosamente en la playa durante sus vacaciones. |

**Sufijo -less:** Indica falta o carencia de la cualidad expresada por la palabra base. Ejemplos: fearless (sin miedo), homeless (sin hogar).

### Breathless – Sin aliento

| | |
|---|---|
| After running for miles, he was breathless. | Después de correr millas, estaba sin aliento. |
| The view from the mountaintop left her breathless. | La vista desde la cima de la montaña la dejó sin aliento. |

### Careless– Descuidado/a

| | |
|---|---|
| He made a careless mistake on the exam. | Cometió un error descuidado en el examen. |
| She was criticized for her careless handling of the project. | Fue criticada por su manejo descuidado del proyecto. |

### Countless – Incontable

| | |
|---|---|
| There are countless stars in the night sky. | Hay incontables estrellas en el cielo nocturno. |
| She made countless attempts to perfect her painting. | Hizo incontables intentos para perfeccionar su pintura. |

## Endless – Infinito/a

| | |
|---|---|
| The desert seemed to stretch on endlessly. | El desierto parecía extenderse infinitamente. |
| They danced to the endless rhythm of the music. | Bailaron al ritmo infinito de la música. |

## Fearless– Sin miedo

| | |
|---|---|
| He approached the dangerous situation with a fearless attitude. | Enfrentó la situación peligrosa con una actitud sin miedo. |
| She was known for her fearless determination in facing challenges. | Era conocida por su determinación sin miedo al enfrentar desafíos. |

## Harmless – Inofensivo/a

| | |
|---|---|
| The spider in the corner was harmless. | La araña en la esquina era inofensiva. |
| His joke, though awkward, was harmless. | Su broma, aunque incómoda, era inofensiva. |

## Helpless – Desamparado/a

| | |
|---|---|
| She felt helpless as she watched the accident unfold. | Se sintió desamparada al ver el accidente desarrollarse. |
| The kitten looked helpless until it found its mother. | El gatito parecía desamparado hasta que encontró a su madre. |

## Homeless– Sin hogar

| | |
|---|---|
| The organization provided shelter for the homeless. | La organización proporcionó refugio para los sin hogar. |
| He became homeless after losing his job. | Se quedó sin hogar después de perder su trabajo. |

## Hopeless – Desesperado/a

| | |
|---|---|
| She felt hopeless after failing the exam. | Se sintió desesperada después de reprobar el examen. |
| The situation seemed hopeless, but they persevered. | La situación parecía desesperada, pero perseveraron. |

## Priceless – Sin precio

| | |
|---|---|
| Her smile was priceless. | Su sonrisa no tenía precio. |
| The artwork was considered priceless by art enthusiasts. | La obra de arte era considerada sin precio por los aficionados al arte. |

## Shameless– Sin vergüenza

| | |
|---|---|
| He made a shameless attempt to manipulate the situation. | Hizo un intento sin vergüenza de manipular la situación. |
| She was known for her shameless self-promotion. | Era conocida por su autopromoción sin vergüenza. |

## Thoughtless – Descuidado/a

| | |
|---|---|
| His thoughtless comment offended many people. | Su comentario descuidado ofendió a muchas personas. |
| She regretted her thoughtless decision to quit her job impulsively. | Lamentó su decisión descuidada de renunciar a su trabajo impulsivamente. |

**Sufijo -ly:** Forma adverbios a partir de adjetivos para indicar la manera en que se realiza una acción. Ejemplos: quickly (rápidamente), happily (felizmente).

### Beautifully - Hermosamente

| | |
|---|---|
| She sings beautifully, captivating the audience. | Ella canta hermosamente, cautivando al público. |
| The sunset painted the sky beautifully. | El atardecer pintó hermosamente el cielo. |

### Carefully- Cuidadosamente

| | |
|---|---|
| He handled the fragile artifact carefully. | Manejó el frágil artefacto cuidadosamente. |
| She read the instructions carefully before starting. | Leyó las instrucciones cuidadosamente antes de empezar. |

### Clearly - Claramente

| | |
|---|---|
| He explained his ideas clearly to the team. | Explicó claramente sus ideas al equipo. |
| The signpost marked the trail clearly. | El cartel señalizaba claramente el sendero. |

## Completely – Completamente

| | |
|---|---|
| The puzzle was completely finished. | El rompecabezas estaba completamente terminado. |
| She disagreed completely with his proposal. | Estuvo en completo desacuerdo con su propuesta. |

## Daily– Diariamente

| | |
|---|---|
| He reads the newspaper daily. | Lee el periódico diariamente. |
| Daily exercise is important for maintaining health. | El ejercicio diario es importante para mantener la salud. |

## Happily – Felizmente

| | |
|---|---|
| They lived happily ever after. | Vivieron felices para siempre. |
| She greeted everyone happily. | Saludó a todos felizmente. |

## Honestly – Honestamente

| He answered honestly to the question. | Respondió honestamente a la pregunta. |
| She looked at him honestly, without hesitation. | Lo miró honestamente, sin vacilación. |

## Likely– Probablemente

| It will likely rain tomorrow. | Probablemente lloverá mañana. |
| He is likely to arrive late, as usual. | Es probable que llegue tarde, como siempre. |

## Lovely – Encantadoramente

| She smiled at him lovely, making his day. | Ella le sonrió encantadoramente, alegrándole el día. |
| The garden was decorated lovely for the party. | El jardín estaba decorado encantadoramente para la fiesta. |

## Quickly – Rápidamente

| | |
|---|---|
| She finished her work quickly. | Terminó su trabajo rápidamente. |
| He responded to the emergency quickly. | Respondió a la emergencia rápidamente. |

## Quietly– Silenciosamente

| | |
|---|---|
| She tiptoed quietly past the sleeping baby. | Pasó silenciosamente de puntillas junto al bebé dormido. |
| The wind rustled the leaves quietly. | El viento susurró las hojas silenciosamente. |

## Seriously – Seriamente

| | |
|---|---|
| He took the issue seriously and acted promptly. | Se tomó el problema seriamente y actuó con prontitud. |
| She spoke seriously about her future plans. | Habló seriamente sobre sus planes futuros. |

## Slowly – Lentamente

| | |
|---|---|
| The turtle moved slowly across the sand. | La tortuga se movía lentamente por la arena. |
| He read the book slowly to savor every word. | Leyó el libro lentamente para saborear cada palabra. |

## Suddenly – Repentinamente

| | |
|---|---|
| Suddenly, the lights went out. | Repentinamente, las luces se apagaron. |
| She appeared suddenly at the door. | Apareció repentinamente en la puerta. |

**Sufijos -ology / -logy:** Indican el estudio o la ciencia de algo. Ejemplos: biology (biología), psychology (psicología).

## Anthropology – Antropología

| | |
|---|---|
| Anthropology studies human societies and cultures. | La antropología estudia las sociedades y culturas humanas. |
| She majored in anthropology at university. | Ella se especializó en antropología en la universidad. |

## Archaeology– Arqueología

| | |
|---|---|
| Archaeology explores ancient human civilizations. | La arqueología explora las antiguas civilizaciones humanas. |
| They discovered ancient artifacts through archaeology. | Descubrieron artefactos antiguos mediante la arqueología. |

## Biology – Biología

| | |
|---|---|
| Biology is the study of living organisms. | La biología es el estudio de los organismos vivos. |
| She has a keen interest in marine biology. | Tiene un gran interés en la biología marina. |

## Cardiology – Cardiología

| Cardiology deals with the study of the heart and its diseases. | La cardiología se ocupa del estudio del corazón y sus enfermedades. |

| He underwent a cardiology examination. | Se sometió a un examen de cardiología. |

## Dermatology– Dermatología

| Dermatology focuses on skin diseases and treatments. | La dermatología se centra en las enfermedades de la piel y sus tratamientos. |

| She visited the dermatology clinic for a check-up. | Visitó la clínica de dermatología para un chequeo. |

## Ecology – Ecología

| Ecology studies the relationships between organisms and their environment. | La ecología estudia las relaciones entre los organismos y su entorno. |

| They researched the ecology of a tropical rainforest. | Investigaron la ecología de una selva tropical. |

## Geology – Geología

| | |
|---|---|
| Geology examines the Earth's structure and processes. | La geología examina la estructura y procesos de la Tierra. |
| They found fossils while studying geology. | Encontraron fósiles mientras estudiaban geología. |

## Meteorology– Meteorología

| | |
|---|---|
| Meteorology deals with weather phenomena. | La meteorología se ocupa de los fenómenos meteorológicos. |
| The meteorology report predicted rain for tomorrow. | El informe meteorológico predijo lluvia para mañana. |

## Neurology – Neurología

| | |
|---|---|
| Neurology focuses on disorders of the nervous system. | La neurología se centra en los trastornos del sistema nervioso. |
| He consulted a neurology specialist for his migraines. | Consultó a un especialista en neurología por sus migrañas. |

## Psychology – Psicología

| | |
|---|---|
| Psychology studies behavior and mental processes. | La psicología estudia el comportamiento y los procesos mentales. |
| She works as a psychologist in a counseling center. | Trabaja como psicóloga en un centro de asesoramiento. |

## Sociology– Sociología

| | |
|---|---|
| They conducted a sociology study on urban communities. | Realizaron un estudio sociológico sobre comunidades urbanas. |

## Technology – Tecnología

| | |
|---|---|
| Technology refers to tools and methods used to solve problems. | La tecnología se refiere a herramientas y métodos utilizados para resolver problemas. |
| The rapid pace of technology development is astounding. | El ritmo rápido del desarrollo tecnológico es asombroso. |

**Sufijo -ward:** Indica dirección o movimiento hacia un lugar o estado. Ejemplos: backward (hacia atrás), forward (hacia adelante).

### Afterwards – Después

| He left the room, and afterwards, she arrived. | Él salió de la habitación y después ella llegó. |
| Afterwards, we went for a walk in the park. | Después, fuimos a dar un paseo por el parque. |

### Backward– Hacia atrás

| He stumbled backward when he tripped. | Retrocedió cuando tropezó. |
| The video played backward, showing the events in reverse. | El video se reprodujo hacia atrás, mostrando los eventos al revés. |

### Downward – Hacia abajo

| The plane began its downward descent towards the runway. | El avión comenzó su descenso hacia la pista de aterrizaje. |
| Prices have been trending downward this month. | Los precios han estado bajando este mes. |

## Eastward – Hacia el este

| They traveled eastward to reach the coast. | Viajaron hacia el este para llegar a la costa. |
| The storm is moving eastward across the country. | La tormenta se está desplazando hacia el este a través del país. |

## Forward– Hacia adelante

| She took a step forward to greet him. | Dio un paso hacia adelante para saludarlo. |
| Let's look forward to the future with optimism. | Miremos hacia adelante al futuro con optimismo. |

## Homeward – Hacia casa

| After a long day, they headed homeward. | Después de un largo día, se dirigieron hacia casa. |
| He missed his family and longed for the homeward journey. | Extrañaba a su familia y ansiaba el viaje de regreso a casa. |

## Inward – Hacia adentro

| | |
|---|---|
| She turned inward to reflect on her decisions. | Ella se volvió hacia adentro para reflexionar sobre sus decisiones. |
| The company needs to focus on inward growth strategies. | La empresa debe centrarse en estrategias de crecimiento hacia adentro. |

## Onward– Hacia adelante (avanzar)

| | |
|---|---|
| They marched onward towards their destination. | Marcharon hacia adelante hacia su destino. |
| Let's continue onward despite the challenges. | Sigamos adelante a pesar de los desafíos. |

## Outward – Hacia fuera

| | |
|---|---|
| The doors swung outward when pushed. | Las puertas se abrieron hacia fuera cuando las empujaron. |

## Toward – Hacia

| | |
|---|---|
| They walked toward the city center. | Caminaron hacia el centro de la ciudad. |
| His attitude toward work has improved recently. | Su actitud hacia el trabajo ha mejorado recientemente. |

## Upward– Hacia arriba

| | |
|---|---|
| Prices have been trending upward in the stock market. | Los precios han estado subiendo en el mercado de valores. |
| He looked upward at the stars in the night sky. | Miró hacia arriba a las estrellas en el cielo nocturno. |

## Westward – Hacia el oeste

| | |
|---|---|
| They set sail westward across the Atlantic Ocean. | Zarparon hacia el oeste a través del océano Atlántico. |
| The migration patterns indicate movement westward. | Los patrones de migración indican un movimiento hacia el oeste. |

**Sufijo -ish:** Indica relación o cualidad de algo. Ejemplos: childish (infantil), greenish (verdoso).

## Bluish – Azulado/a

| | |
|---|---|
| The sky turned bluish just before sunset. | El cielo se volvió azulado justo antes del atardecer. |
| Her dress had a bluish tint that matched her eyes. | Su vestido tenía un tinte azulado que hacía juego con sus ojos. |

## Boyish – Infantil (masculino)

| | |
|---|---|
| He had a boyish charm that everyone admired. | Tenía un encanto infantil que todos admiraban. |
| Her haircut gave her a slightly boyish appearance. | Su corte de pelo le daba una apariencia ligeramente infantil. |

## Childish – Infantil

| | |
|---|---|
| His childish behavior annoyed the adults. | Su comportamiento infantil molestaba a los adultos. |
| The children's room was decorated with childish drawings. | La habitación de los niños estaba decorada con dibujos infantiles. |

## Darkish – Oscuro/a

| | |
|---|---|
| The room was lit with a darkish glow from the lamp. | La habitación estaba iluminada con un brillo oscuro de la lámpara. |
| Her hair had a darkish hue after she dyed it. | Su cabello tenía un tono oscuro después de teñirlo. |

## Girlish – Infantil (femenino)

| | |
|---|---|
| She retained a girlish enthusiasm despite her age. | Conservaba un entusiasmo infantil a pesar de su edad. |
| The room was decorated in a girlish style with pink accents. | La habitación estaba decorada con un estilo infantil con acentos rosados. |

## Greenish – Verdoso/a

| | |
|---|---|
| Her eyes had a greenish sparkle in the sunlight. | Sus ojos tenían un destello verdoso bajo la luz del sol. |

## Reddish – Rojizo/a

| | |
|---|---|
| The sunset painted the sky with reddish hues. | El atardecer pintó el cielo con tonos rojizos. |
| Her cheeks turned reddish when she blushed. | Sus mejillas se pusieron rojizas cuando se ruborizó. |

## Saltyish – Salado/a

| | |
|---|---|
| The soup tasted saltyish, indicating too much salt. | La sopa tenía un sabor salado, indicando que tenía demasiada sal. |
| The sea breeze carried a saltyish scent that reminded him of the beach. | La brisa marina llevaba un aroma salado que le recordaba la playa. |

## Smallish – Pequeño/a

| | |
|---|---|
| They lived in a smallish apartment in the city center. | Vivían en un apartamento pequeño en el centro de la ciudad. |
| His dog was a smallish breed but very energetic. | Su perro era de una raza pequeña pero muy enérgico. |

## Warmish –Tibio/a

| | |
|---|---|
| The water in the pool felt warmish in the afternoon sun. | El agua de la piscina se sentía tibia bajo el sol de la tarde. |
| The coffee was served warmish, just the way she liked it. | El café fue servido tibio, justo como a ella le gustaba. |

## Yellowish – Amarillento/a

| | |
|---|---|
| Her dress had a yellowish hue that brightened her complexion. | Su vestido tenía un tono amarillento que iluminaba su tez. |
| The sky turned yellowish just before the storm hit. | El cielo se volvió amarillento justo antes de que comenzara la tormenta. |

**Sufijo -ship:** Indica estado, condición o calidad de ser algo. Ejemplos: friendship (amistad), leadership (liderazgo).

## Apprenticeship - Aprendizaje

| | |
|---|---|
| He completed his apprenticeship under a skilled carpenter. | Completó su aprendizaje bajo un hábil carpintero. |
| The apprenticeship program offers hands-on training. | El programa de aprendizaje ofrece formación práctica. |

## Championship - Campeonato

| | |
|---|---|
| They won the championship for the third consecutive year. | Ganaron el campeonato por tercer año consecutivo. |
| The championship match was intense and thrilling. | El partido del campeonato fue intenso y emocionante. |

## Citizenship - Ciudadanía

| | |
|---|---|
| She applied for citizenship after living in the country for five years. | Solicitó la ciudadanía después de vivir en el país durante cinco años. |

## Friendship – Amistad

| | |
|---|---|
| Their friendship grew stronger over the years. | Su amistad se hizo más fuerte con el paso de los años. |
| True friendship lasts through good times and bad. | La verdadera amistad perdura en los buenos y malos momentos. |

## Hardship– Dificultad

| | |
|---|---|
| They faced many hardships during their journey. | Enfrentaron muchas dificultades durante su viaje. |
| The family's hardship brought them closer together. | Las dificultades de la familia los unieron más. |

## Leadership – Liderazgo

| | |
|---|---|
| His leadership skills were evident in times of crisis. | Sus habilidades de liderazgo fueron evidentes en tiempos de crisis. |

## Membership – Membresía

| | |
|---|---|
| He renewed his membership to the gym for another year. | Renovó su membresía en el gimnasio por otro año. |
| Membership includes access to all club facilities. | La membresía incluye acceso a todas las instalaciones del club. |

## Ownership– Propiedad

| | |
|---|---|
| They took ownership of the family business after their parents retired. | Se hicieron cargo del negocio familiar después de que sus padres se jubilaran. |
| Homeownership is a significant milestone for many families. | Ser propietario de una casa es un hito significativo para muchas familias. |

## Partnership – Sociedad

| | |
|---|---|
| The partnership between the two companies was mutually beneficial. | La sociedad entre las dos empresas fue mutuamente beneficiosa. |

## Relationship – Relación

| They have a strong and loving relationship. | Tienen una relación fuerte y amorosa. |
| Building a healthy relationship takes time and effort. | Construir una relación saludable requiere tiempo y esfuerzo. |

## Scholarship– Beca

| She received a scholarship to study abroad. | Recibió una beca para estudiar en el extranjero. |
| The scholarship covered tuition and living expenses. | La beca cubrió la matrícula y los gastos de vida. |

## Stewardship – Administración

| His stewardship of the project ensured its success. | Su administración del proyecto aseguró su éxito. |

**Sufijo -hood:** Indica estado o condición de ser algo, especialmente cuando se refiere a un grupo o categoría. Ejemplos: childhood (infancia), brotherhood (hermandad).

| Adulthood – Adultez | |
| --- | --- |
| Adulthood brings new responsibilities and challenges. | La adultez trae nuevas responsabilidades y desafíos. |
| They entered adulthood upon turning twenty-one. | Entraron en la adultez al cumplir veintiún años. |

| Boyhood- Niñez (masculina) | |
| --- | --- |
| His happiest memories were from his boyhood days. | Sus recuerdos más felices eran de su época de niñez. |
| Boyhood is a time of exploration and discovery. | La niñez masculina es un tiempo de exploración y descubrimiento. |

| Brotherhood – Hermandad | |
| --- | --- |
| They formed a strong brotherhood through their shared experiences. | Formaron una sólida hermandad a través de sus experiencias compartidas. |

## Childhood – Infancia

| | |
|---|---|
| She had a happy childhood filled with laughter and play. | Tuvo una infancia feliz llena de risas y juegos. |
| Childhood memories often shape our adult lives. | Los recuerdos de la infancia a menudo moldean nuestras vidas adultas. |

## Fatherhood– Paternidad

| | |
|---|---|
| His greatest joy came with the responsibilities of fatherhood. | Su mayor alegría vino con las responsabilidades de la paternidad. |
| Fatherhood changed his perspective on life. | La paternidad cambió su perspectiva de la vida. |

## Girlhood – Niñez (femenina)

| | |
|---|---|
| Girlhood friendships often last a lifetime. | Las amistades de la niñez femenina a menudo duran toda la vida. |

## Motherhood – Maternidad

| | |
|---|---|
| She embraced the challenges and joys of motherhood. | Aceptó los desafíos y alegrías de la maternidad. |
| Motherhood is a rewarding but demanding role. | La maternidad es un rol gratificante pero exigente. |

## Parenthood – Paternidad

| | |
|---|---|
| Parenthood is a journey filled with ups and downs. | La paternidad es un viaje lleno de altibajos. |

## Sisterhood – Hermandad (femenina)

| | |
|---|---|
| Their sisterhood grew stronger as they grew older. | Su hermandad femenina se hizo más fuerte a medida que crecían. |
| Sisterhood bonds are often unbreakable. | Los lazos de hermandad entre mujeres son frecuentemente indestructibles. |

*¡Nuestras felicitaciones por completar este libro y por esa actitud de aprender algo nuevo siempre! Le invitamos a explorar nuestros próximos libros  que estarán dirigidos para avanzar en el aprendizaje de uno de los idiomas más hablado en el mundo.*